법률정보조사와 민사소송

전 형 배 편저

청목출판사

머리말

법률정보조사는 법학전문대학원 실무교과목으로서 이른바 법정필수교과목이지만, 법률정보조사라는 과목의 교육범위에 대해서는 일치된 견해가 없다. 다만, 법학전문대학원 설치·운영에 관한 법률 시행령 제13조 제1항 제2호에서 '국내외 법령 및 판례정보 등 법률정보의 조사'를 포함하는 교과목을 개설하도록 규정하고 있을 뿐이다. 그런데 대학을 졸업한 학사들을 교육하는 전문대학원 과정에서 법령이나 판례의 조사에 관한 기법은 몇 시간의 강의로 충분하지 한 학기의 강의분량으로는 적절하지 않다. 연방법/주법, 판례법 체계로 법률정보의 구성이 복잡하게 연결되어 있는 미국에서는 정보의 조사 기법 자체가 중요한 교육과정이 될 수 있을지 모르지만, 대법원과 법무부를 중심으로 강력하고 효율적인 통합검색 데이터베이스가 구축되어 있는 대한민국에서는 법령이나 판례에 한정한 정보조사 교육은 큰 의미가 없는 것 같다.

그래서 나는 소송의 주장사실을 구성하고 이를 입증하는 데 필요한 정보를 법률정보라고 내 나름대로 이해하고, 민사소송절차의 기본구조와 주장·입증의 기본적인 절차와 기법을 설명하는 책을 편집하기로 했다. 책 중간부터 시작되는 모의 민사소송기록은 책의 편집과 이해의 편의를 위해 실무와는 다르게 매우 간략한 형태로 제시되었음을 밝힌다.

이 책이 실무 민사소송에 낯선 법학전문대학원 학생들에게 조금이라도 도움이 되었으면 좋겠다.

2011년 봄을 기다리며

강원대학교 법학전문대학원

전형배

참고자료

권혁재, 요건사실 증명책임, 진원사, 2010
박경신 외, 법률정보의 조사, 법학전문대학원협의회, 2009
법원행정처, 법원실무제요 민사소송[III], 2005
사법연수원, 민사소송의 구조와 구술변론의 기법, 2008
사법연수원, 민사절차론, 2008
사법연수원, 요건사실론, 2008
사법연수원, 증인신문기술, 2008
吳錫洛, 證人訊問과 書證提出의 要領, 청림출판, 1994
이순동, 민사소송의 사실인정과 증인신문기법, 진원사, 2009
三井哲夫, 要件事實の再構成, 信山社, 1993
田島裕, 法律情報のオンライン檢索, 丸善株式會社, 1992
Amy E. Sloan, Basic Legal Research, Aspen Publishers, 2006
Stefan H. Kreiger/Richard K. Neumann, Jr, Essential Lawyering Skills, Aspen Publishers, 2007
William H. Putman, Legal Research, Thomson, 2006

약어

민사소송법	민소
민사소송법규칙	민소규

차 례

제 1 장

법률정보조사 서설

제1절 법률정보조사의 의의

Ⅰ. 법률정보조사의 범주

법률정보조사의 범위는 이를 정의하는 사람에 따라 그 외연에 큰 차이가 있을 수 있다. 일정한 법 정보를 얻기 위하여 법령, 판례, 법률문헌 등 법적 자료를 대상으로 하는 조사라고 넓게 정의를 하면, 여기에는 법학전문대학원의 수업 혹은 시험을 위하여 행하는 조사도 포함된다.[1] 반면, 법률정보의 조사를 소송활동에 수반하는 정보의 조사라고 한정하면, 여기에는 주로 주장과 입증에 필요한 정보의 조사가 포함되며 특히, 요건사실의

1) 박경신 외 4인, 법률정보의 조사, 법학전문대학원협의회, 2009, 1쪽. 이 책에서는 이러한 광의의 조사개념을 채택하여 법률정보조사라는 용어보다는 '법정보조사'라는 용어를 사용하고 있다.

입증을 위하여 수집되는 증거의 조사가 중요한 위치를 차지하게 된다.

법률정보조사의 기능은 해당 조사내용을 어떤 목적에 사용하려는가에 따라 달라질 수 있다. 만일, 법령이나 제도의 입안 혹은 개선을 위하여 법률정보조사를 하게 되면 이때 하는 정보의 조사는 객관적인 입장에서 되도록 다양한 입법적 관점을 반영하는 활동이 될 것이다. 하지만, 소송행위와 관련하여 일방의 이익을 대변하여야 하는 변호사의 입장에서 법률정보조사를 하게 되면, 법률정보조사는 의뢰인의 이익을 가장 적절하게 대변할 수 있는 자료의 수집과 분석활동에 치중하게 될 것이다. 특히 후자와 관련하여 변호사는 의뢰인의 주장을 적극적으로 뒷받침하거나 상대방 주장의 신빙성을 저하시키기 위한 법률정보조사활동을 하게 되며 이를 통해 법관의 심증형성에 영향력을 행사하게 된다.

어느 경우에 해당하는 법률정보의 조사이든, 그것은 신속하고 정확하게 이뤄져야 하는데 정보조사의 신속성과 정확성은 많은 훈련을 통해서 달성할 수 있는 목표이지만 그러한 목표에 효과적으로 도달하기 위해서는 정보조사에 관한 기본적인 지식이 선행될 필요가 있다. 이 점을 소송활동과 연계하여 생각해보면, 소송활동의 상당부분을 차지하는 입증활동은 요증사실을 정확히 파악하고 이를 뒷받침할 수 있는 설득력 있는 증거를 법정에 현출하는 행위인데 적시에 필요한 증거를 제출하지 못하면 주장의 신빙성이 떨어질 수밖에 없고 때에 따라서는 실기한 공격방어방법의 제출이 되어서 이후 입증활동이 어려워지거나 우리 쪽의 소송전략을 내비치는 꼴이 되어 오히려 상대방의 역공을 당할 수도 있다. 한편, 부정확한 정보의 조사와 이를 바탕으로 한 소송활동은 먼저 의뢰인과 소송대리인의 신뢰관계를 깨뜨리는 큰 장애가 될 수 있고 나아가 소송대리인의 소송행위에 대한 법관의 신뢰도에도 부정적인 영향을 미쳐 결국엔 소송의 승패를 좌우할 수 있다. 따라서 스마트한 법률정보조사 능력을 단순히 경험의 축적에만 의존하는 것은 매우 비효율적일뿐 아니라 때에 따라서는 예기치 않은 불이익한 결과를 초래할 수도 있기 때문에 이에 대한 체계적인 이해가 필요하다.

Ⅱ. 법률정보조사 활동의 분류

법률정보조사는 조사의 목적을 기준으로 일반적인 법률정보조사와 입증활동으로서의 법률정보조사로 나눌 수 있겠다. 일반적인 법률정보조사란 입증활동을 전제로 하지 않는 법률정보조사로서 이는 앞서 언급한 광의의 법률정보조사 혹은 법정보조사의 범주에 속한다고 말할 수 있다. 여기에는 법령의 조사, 국내 판례의 조사, 학술 문헌의 조사, 해외 법률정보의 조사 등이 포함된다. 이에 관해서는 뒤에서 분설하고자 하고자 한다.

입증활동으로서의 법률정보조사란 소송의 당사자로서 요증사실을 뒷받침할 수 있는 증거를 수집하고 이를 법원에 현출하는데 필요한 정보조사이다. 여기에는 증거보전, 증인신문, 서증제출, 감정·검증, 사실조회, 당사자신문 및 자기디스크 등 그 밖의 증거에 대한 조사가 포함된다. 이에 관해서도 뒤에서 분설한다.

제2절 일반적 법률정보조사

Ⅰ. 법률정보의 소스

일반적 법률정보조사의 소스로는 법령, 국내 판례, 학술문헌, 그리고 해외 법률정보가 있을 수 있는데 해외 법률정보도 국내 법률정보와 마찬가지로 법령, 판례, 학술문헌으로 대별할 수 있다.

Ⅱ. 법령의 조사

1. 법령의 유형

국내 법령은 크게 국회에 의하여 입법이 되는 법률과 법률에 근거를 두고 입법이 되는 하위 법규로 구분할 수 있다. 하위 법규에는 명령, 규칙, 그리고 지방정부의 자치 법규가 포함된다.

2. 기본적인 데이터베이스

국내 법률에 관한 데이터베이스로는, 법제처가 주관이 되어 구축한 국가법령정보센터(www.law.go.kr), 대법원의 종합법률정보시스템(glaw.scourt.go.kr), 국회도서관의 의회정보서비스(www.nanet.go.kr)가 대표적이다. 대법원의 종합법률정보시스템이 제공하는 법률 데이터베이스는 법제처의 것을 기본 자료로 사용하기 때문에 사실상 동일한 법률정보를 제공하고 있다고 볼 수 있다. 그 외에도 기업이 운영하는 법령 데이터베이스로는 주식회사 로앤비(www.lawnb.com)가 운영하는 법령검색서비스가 있다. 이하에서는 각 데이터베이스에 대한 개요를 소개하고자 한다.

3. 국가법령정보센터

국가법령정보센터는 국가가 제공하는 공식적인 법령정보제공 시스템이라고 할 수 있는데 여기에서는 법령, 행정규칙, 자치법규, 별표·서식, 조약, 판례, 헌법재판소 결정례, 해석례, 심판례 등 법령과 관련이 있는 다양하고 포괄적인 정보를 두루 제공하고 있다.

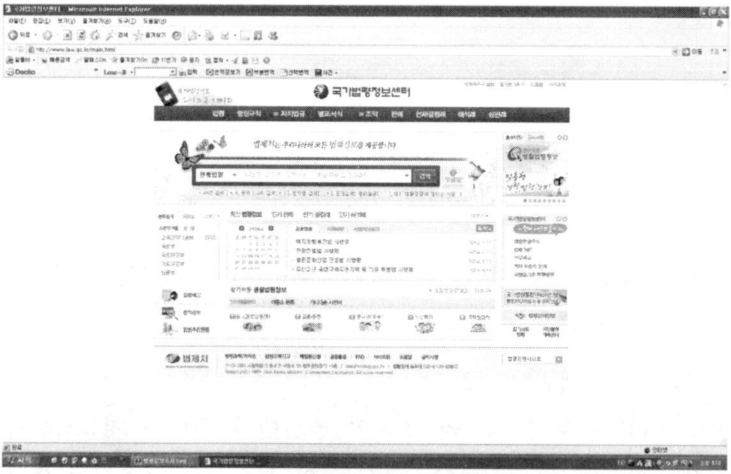

【그림 1】 국가법령정보센터 메인화면

국가법령정보센터의 메인화면에서 현행법령을 입력하고 검색 기능을 실행하면 현재 시행 중인 법률, 시행령, 시행규칙이 검색

되고 일부 개정 후 시행이 예고된 법률이 있는 때에는 그에 해당하는 내용도 검색을 한다. 예를 들어 2010. 5. 25. 일부 개정되어 공포되어 2012. 1. 1. 시행되는 근로기준법에 대해서는 시행예고법률, 현행법률, 근로기준법 시행령, 근로기준법 시행규칙이 검색된다.

【그림 2】 법률 검색화면

시행 예정인 법률도 소송절차에서 법관의 심증형성에 영향을 미치는 경우가 있는데 예를 들어, 특정한 법률위반으로 기소가 된 사건에서 개정 전 법률에는 벌금형이 규정되어 있지 않던 범죄에 대하여 시행 예정인 법률이 벌금형의 선택이 가능하도록 개정되었다면 해당 취지와 개별사안의 특수성을 강조하여 벌금형의 선택을 설득하는 소송전략을 구사할 수 있다. 나아가, 법률의 개정으로 종전의 형사처벌 규정이 삭제되는 경우에는 행위 당시 법률에 의하면 범죄의 구성요건을 충족한다고 하더라도 입법정책 등에 의하여 그 처벌의 필요성이 더 이상 인정되는 않는 것이기 때문에 이런 때에는 시행 예정인 법률의 내용과 취지를 적극 피력할 필요가 있다.

한편, 법제처에는 법률의 해석 적용에 관한 행정해석을 하고 있는데 이를 한 데 모아서 해석례를 제공하고 있다. 법무부가 제공하는 행정해석은 사법부를 구속하는 효력은 없지만, 선행 판례 등 법령의 해석과 적용에 관하여 사법부의 공식적인 입장이 없을 때에는 법률행위의 중요한 준거가 될 수 있다. 따라서 법무부의 행정해석에 따른 법률행위의 효력이 문제가 되는 사안에서 당사자는 어느 정도 합리적인 주의의무를 다하여 법률행위를 하였다는 주장을 할 수도 있다.

4. 종합법률정보시스템

대법원의 종합법률정보시스템을 통한 법률 검색은 앞서 살핀 법제처의 국가법령정보센터의 것과 동일하다고 말할 수 있다. 규칙/예규/선례의 검색과 관련하여서는 대법원이 관할하는 대법원규칙, 행정예규, 등기예규, 가족관계등록예규, 재판예규, 등기·상업등기·가족관계등록·공탁 선례 등의 검색이 편리하게 만들어져 있다.

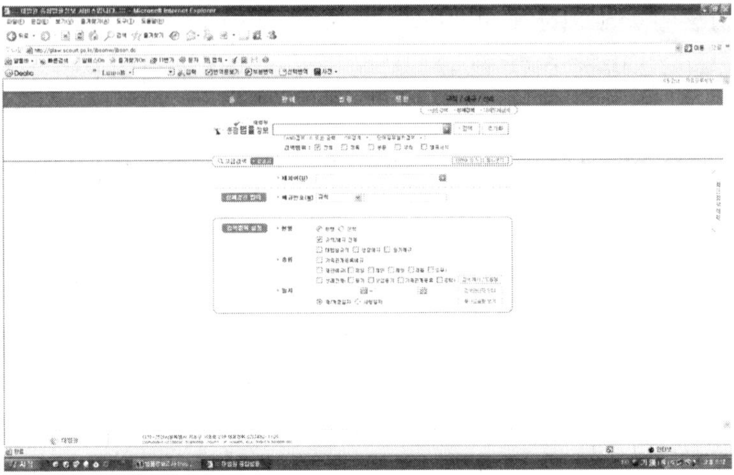

【그림 3】 종합법률정보서비스 검색화면

5. 의회정보서비스

국회도서관이 제공하는 의회정보서비스는 국회도서관 의회정보실에서 입법 및 국정현안과 관련된 정보 및 자료를 국회의원 및 입법 관련 부서에 입법정보회답, 팩트북 및 자료발간, 데이터베이스 구축 및 서비스, 이메일서비스 등 다양한 유형으로 제공하는 입법지원 활동이다.

의회정보서비스의 강점은 입법과 관련한 내외의 다양한 법률정보를 제공한다는 점, 법률 개정안의 입법 진행상황을 가장 빠르게 접할 수 있다는 점, 그리고 현행 법률이 입법되기까지의 국회히스토리를 담은 입법회의록을 제공한다는 점이다. 특히, 입법회의록은 비교적 근자에 자주 사용하는 법률정보원으로 현행법의 입법사적 평가나 특정 조문의 연역적 해석에 중요한 자료로 사용된다.

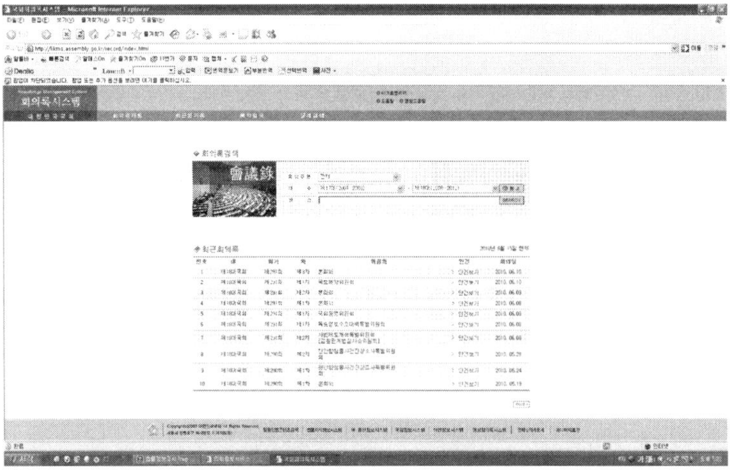

【그림 4】 입법회의록 검색화면

Ⅲ. 국내 판례의 조사

1. 대법원 판례의 조사

대법원 판례를 제공하는 가장 일반적인 데이터베이스는 앞서 언급한 대법원의 종합법률정보서비스라고 할 수 있다. 판례를 형성하는 곳이 법원인 만큼 대법원이 제공하는 판례정보가 가장 정확하다고 평가할 수 있다. 판례를 검색하는 방법은 사건번호를 입력하는 방법과 키워드를 검색하는 방법이 있는데, 특정 사건의 정확하고 빠른 검색을 위해서는 사건번호를 입력하는 것이 적당하지만 특정 주제에 관한 판례의 동향을 파악하는 데는 적확한 키워드를 선정하여 입력하는 것이 중요하다.

【그림 5】 판례 검색 초기화면

종합법률정보서비스를 통한 판례검색이 주는 가장 큰 유용성은 해당 판례가 어떤 판례를 참조하였는지(이른바, '참조 판례'), 해당 판례가 이후의 어떤 판례에 영향을 미쳤는지(이른바, '따름 판례'), 그리고 해당 판례에 대한 평석이나 해당 판례를 언급한 논문 등 문헌의 목록이 제공된다는 점이다.

참조 판례를 찾아 검색을 거슬러 올라가면 특정 판례 법리의 형성과정을 분석할 수 있어서 법리의 적용범위를 획정하는 데 유익한 참고자료가 된다. 한편, 따름 판례의 분석을 통해 비슷한 유형의 사건에서 판례가 취하는 경향이나 흐름을 파악할 수도 있다.

한편, 판례와 관련이 있는 문헌목록을 정리하여 제공하는 기능은 다른 데이터베이스가 쉽게 따라 올 수 없는 훌륭한 기능으로 판례와 관련한 활동을 전개하는 실무가와 연구자들에게 큰 도움을 주고 있다.

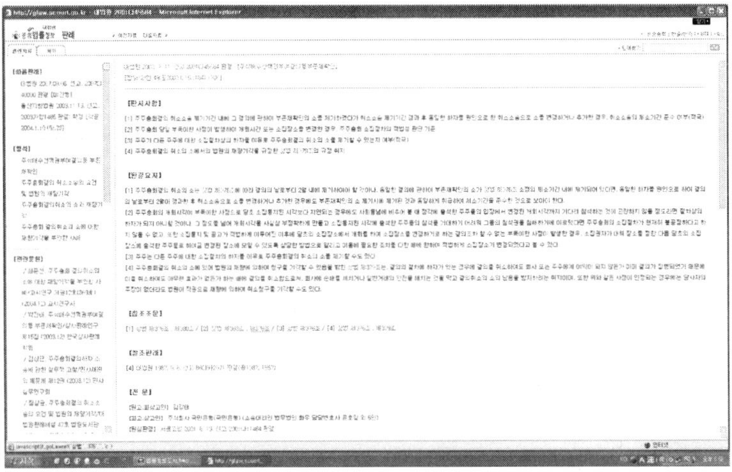

【그림 6】 특정판례 검색화면

한편, 대법원에서는 '대법원 판례해설'이라는 책을 발간하고 있는데 이 책은 수많은 대법원 판례 중에서 중요도가 높다고 판단되는 판례를 선정하여 판례의 내용과 의의를 정리한 것이다. 판례의 선정과 평가의 주체가 대법원에 소속된 재판연구관이기 때문에 판례를 바라보는 법관의 입장을 검토해 볼 수 있는 좋은 자료가 된다.

2. 하급심 판례의 조사

일반적인 학술연구나 소송활동에서는 하급심 판례가 큰 중요도를 갖는다고 말할 수 없지만 확립된 대법원의 판례가 없는 상태에서는 동종 사건에 관하여 하급심 판례가 취하는 태도는 이후의 유사사건 판단에 상당한 영향을 미친다. 특히, 사건의 성격상 서로 다른 판단이 가능한 사건에 대해서는 하급심 판례의 경향이 복수로 나눠지는 경우가 적지 않는데 이럴 때는 하급심 판례의 주된 흐름이 무엇인지 파악하여 소송전략을 수립하는 것이 중요하다.

그러나 현행 제도상 하급심 판례를 검색하는 것은 매우 제한적으로 허용되고 있다.

먼저 고려할 수 있는 것이 종합법률정보서비스인데 실제 검색을 해보면 하급심 판례의 경향을 파악하기에는 상당히 적은 수의 판결만이 검색된다. 다음으로 대법원이 발간하는 법률정보검색자료인 '법고을LX'를 고려하여 볼 수 있는데 종합법률정보서비스와 비교하여 눈에 띄는 하급심 검색기능을 제공하고 있지는 않은 것으로 보인다.

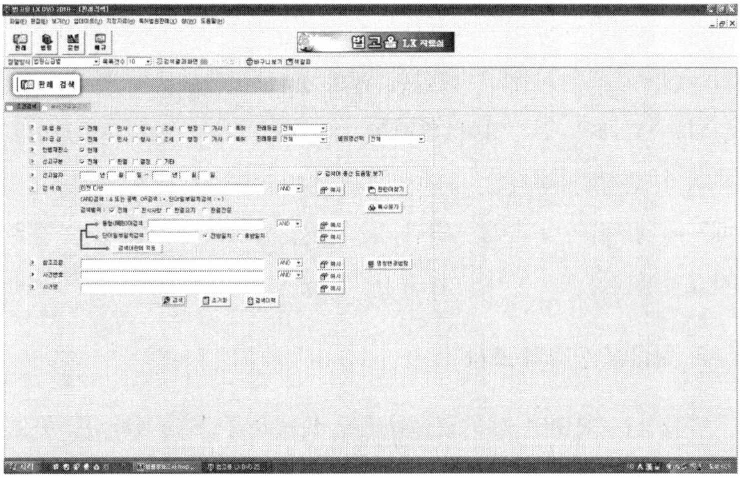

【그림 7】 법고을LX 판례 검색화면

이처럼 일반적인 판례 검색 방법이 갖는 한계 때문에 대법원은 '판결문 제공제도'를 실시하여 신청인이 특정하는 법원과 사건번호에 해당하는 판결을 비실명화 처리하여 제공하고 있다.

법원과 사건번호만 알면 모든 판결의 원문을 읽어 볼 수 있다는 장점이 있기는 하지만 개별 사건의 사건번호를 알아야 하기 때문에 키워드를 통한 하급심 판례의 경향을 파악하는 데는 한계가 있는 제도이다.

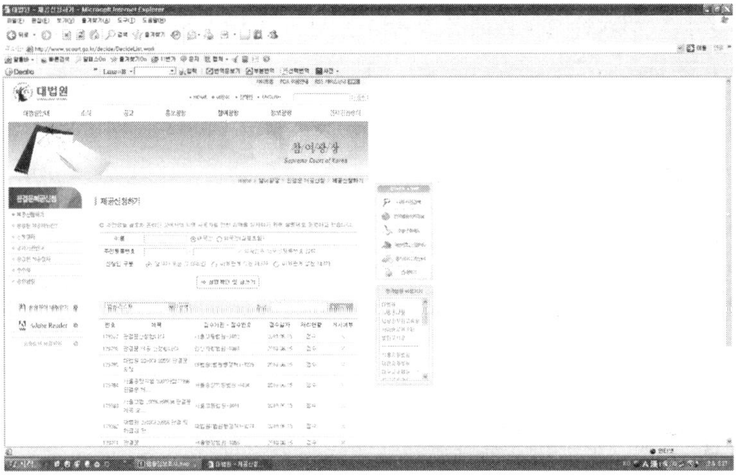

【그림 8】 대법원 판결문 제공신청 화면

판결문 제공신청 제도의 문제점을 보완하기 위해서 대법원은 '판결문 검색·열람 제도'를 시행하고 있다. 판결문 검색·열람 제도는 검색·열람을 신청한 신청인 혹은 그 대리인이 서울 서초동에 있는 대법원 법원도서관 열람실에 직접 방문하여 지정된 단말기를 통해 판결문의 원문을 검색하는 제도이다. 법원도서관에 설치된 단말기는 사건번호 뿐만 아니라 키워드 검색을 할 수 있는 장점이 있는데 다만, 검색 판결문을 그 자리에서 인쇄하거나 파일로 전송할 수는 없고 검색한 판결문에 대하여 개별적으로 판결문 제공신청을 하여야 한다.

이처럼 하급심 판례에 대한 정보공개가 제한되어 있고 정보에 대한 접근 절차나 요건이 간소하지 않은 문제점이 있어 최근 변호사협회를 중심으로 하급심 판례의 일반적인 공개를 촉구하는 주장이 제기되고 있다. 개인의 사생활의 보호나 국가기밀의 유지를 위해선 관련 판례의 공개를 제한할 필요성을 부인할 수는 없지만 현재와 같이 대법원 법원도서관 1곳만을 지정하여 하급심 판례를 검색할 수 있도록 하는 것은 사법정보의 접근권을 지나치게 제한한 것으로 평가할 수밖에 없다. 적어도 지방법원에 설치된 도서관을 통하여 하급심 판례의 검색이 가능하도록 해야 한다.

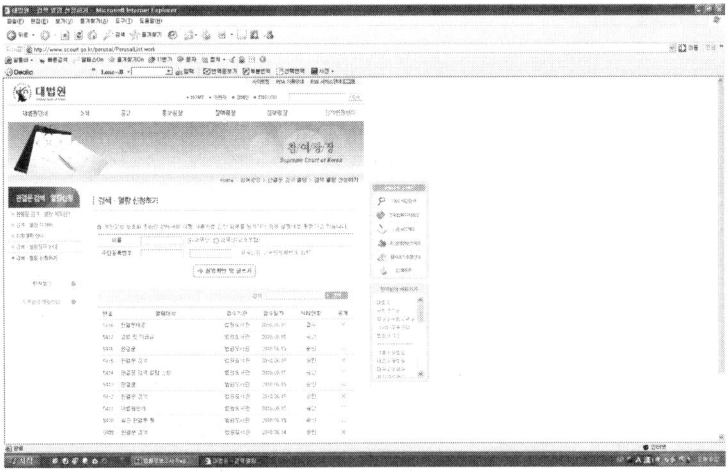

【그림 8】 대법원 판결문 검색·열람신청 화면

위와 같이 법원이 제공하는 일반적인 하급심 판례검색 서비스의 수준이 미흡하자, 기업이 개별법 분야의 하급심 판례를 독자적으로 수집하여 제공하는 서비스가 있는데 대표적인 것이 노동법 분야의 판례를 제공하는 e-labor 노동법령(www.e-labor.co.kr)이 있다.

3. 헌법재판소 결정례의 조사

헌법재판소 결정례는 앞서 언급한 각종의 데이터베이스에서 대부분 검색이 가능하다. 그러나 헌법재판소의 결정례뿐만 아니라 진행 중인 사건에 관한 정보 및 사건 관련 참고자료 등을 폭넓게 접할 수 있는 곳은 헌법재판소가 운영하는 헌법재판소 도서관이다. 특히, 결정례의 종국 결과를 유형별로 검색할 수 있는 서비스를 제공한다.

【그림 9】 헌법재판소 결정례 검색화면

Ⅳ. 학술문헌의 조사

소송활동에서 학술문헌의 중요성이 부각되는 지점은 특정 법률 조항의 해석에 관하여 대법원의 확고한 판례법리가 성립되어 있지 아니한 경우, 당사자의 주장을 뒷받침하기 위해 관련 학술성과를 소송의 자료로 사용할 때이다. 또 기존 대법원 판례가 있다고 하더라도 이에 대한 비판적 견해가 우세하게 제기되고 있고 그러한 견해가 당사자의 주장을 지지하는 것이라면 소송대리인의 입장에선 소송자료로서 적극 학술문헌의 성과를 고려하지 않을 수 없다. 학술문헌의 조사는 앞서 살핀 것처럼 대법원이 발행하는 법고을LX을 통해서 상당 부분 쉽게 이뤄질 수 있지만, 법고을LX에 등재되지 아니하는 문헌 또한 적지 않아 별도의 검색 툴을 확인해 둘 필요가 있다. 아래의 것은 앞에서 언급한 데이터베이스를 제외하고 학계에서 많이 사용하는 대표적인 문헌정보 검색 데이터베이스를 언급한 것이다.

1. 국회 전자도서관

국회 전자도서관은 키워드 검색을 통해서 특정 주제와 관련이 있는 단행본, 학위논문, 학술지 및 인터넷 자원을 찾을 수 있다. 특히 해당 주제와 관련이 있는 일본의 자료를 동시에 검색할 수 있는 장점이 있다. 일본은 우리나라 사법제도와 입법에 많은 영향을 미치고 있는 국가이다.

【그림10】 국회 전자도서관 검색화면

2. DBpia

DBpia(www.dbpis.co.kr)는 주식회사 누리미디어에서 운영하는 국내 학술논문 데이터베이스이다. 발행기관 595개, 간행물 1,264종(한국연구재단 등재지: 337종, 등재후보지: 119종), 논문 1,135,017개를 구축하고 있다.

3. KISS

한국학술정보 주식회사(kiss.kstudy.com)가 운영하고 있는 국내 학술논문 및 저서 검색 데이터베이스이다. 한국연구재단 등재(후보)학술지 754종, SCI 등재 학술지 23종의 논문을 제공하며 회사가 출판한 분야별 도서를 e-book으로 만들어 검색할 수 있도록 하고 있다. DBpia와 KISS가 제공하는 학술지는 서로 중복되지 않기 때문에 학술문헌의 검색에 있어서 상호 보완적인 기능을 한다.

Ⅴ. 해외 법률정보의 조사

학문적 연구를 위한 해외 법률정보조사는 보통 해당 국가의 저명한 데이터베이스에 직접 접속하여 해당 언어로 검색하는 것이 일반적이다. 따라서 신속하고 정확한 검색을 하기 위해서는 해당 국가의 언어에 익숙하여야 하고 각 국가의 사법제도나 검색하려는 주제와 관련한 해당 국가의 시스템을 어느 정도 이해할 수 있어야 한다. 이하에서는 영미법, 일본, 독일의 법률정보를 조사하는 도구를 간략하게 소개한다.

1. 영미법 법률정보조사[2)]

법학전문대학원에서 일반적으로 사용하는 영미법 정보조사 도구는 Westlaw International(international.westlaw.com)과 Lexis-Nexis(www.lexisnexis.com)이다. Westlaw International은 '톰슨 로이터스'에서 운영하는 미국법 전문 데이터베이스로서 미국 이외에도 유럽연합, 영국, 기타 영연방 국가의 법률정보를 제공한다. 특히, 미국의 판례 전문을 제공하는 기능이 강하다. Lexis-Nexis도 주로 미국법의 정보를 제공하며 그 외 아시아, 유럽, 라틴아메리카 지역 등의 법률정보를 제공한다.

2) 미국의 법률정보조사에 관한 기본적인 문헌으론 William H. Putman, Legal Research, Thomson, 2006; Amy E. Sloan, Basic Legal Research, Aspen Publishers, 2006 등 참조.

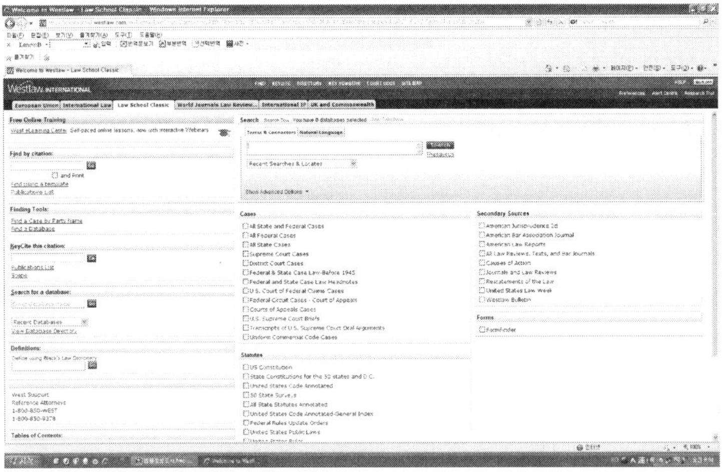

【그림 11】 Westlaw International 검색화면

2. 일본법 법률정보조사[3)]

국내에 많이 보급되어 있는 일본법 법률정보조사 도구로는 주식회사 로앤비가 Westlaw Japan과 제휴하여 제공하는 서비스가 있다. 로앤비 사이트를 통해서 Westlaw Japan에 접속하며 일본어를 거친 형태의 한국어로 번역하는 기능을 툴바로 제공한다. 정보 검색의 수준은 법령과 판례가 대부분이며 학술문헌은 일본 학계의 보수적인 특성상 Web 상태에서는 다양하고 풍부하게 제공하지 못하고 있다. 이에 따라 일본의 학술문헌을 검색할 때는 한국교육학술정보원이 운영하는 학술연구정보서비스(www.riss.kr)를 사용한다. 학술연구정보서비스에서는 해외 학술논문을 검색할 수 있고 여기서 검색한 논문을 대학도서관 등을 통해 구매를 하여 연구에 참조하게 된다.

3) 일본에서의 온라인 법률정보조사에 관한 다소 오래된 소개로는 田島裕, 法律情報のオンライン検索, 丸善株式會社, 1992 참조.

연구자에 따라서는 해당 연구분야별로 매년 발간되는 논문/저서 목록을 입수하여 연구 주제의 흐름을 파악하고 그 중 필요한 논문을 구매하여 이용하기도 한다.

【그림 11】 학술연구정보서비스 검색화면

3. 독일법 법률정보조사

독일법률정보는 주로 Beck-online(www.beck-online.com)과 Juris(www.juris.com)가 있는데 모두 독일의 판례, 법령 및 법률문헌을 제공한다.

Beck-online은 각 법률에 대한 데이터베이스, 주석서, 학술잡지, 논문과 판례, 법률문서 양식, 입법소식, 학계의 동정, 최근 판례 정보 등을 제공한다. 정보 검색 기능이외에 온라인으로 법학도서의 구입 등 간단한 쇼핑이 가능하며 기타 세미나 등 강좌를 소개하는 서비스를 제공한다.

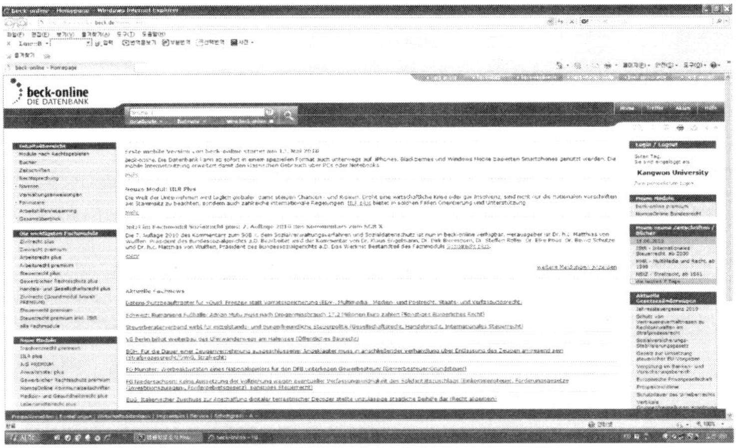

【그림 12】 Beck-online 검색화면

제3절 입증활동과 법률정보조사

Ⅰ. 입증활동과 증거

본서의 제2절에서 검토한 일반적 법률정보조사는 이미 형성되어 있는 법에 관한 정보를 효과적으로 수집하는 스킬에 관한 것이었다면 이제부터 설명하려는 입증활동으로서의 법률정보조사는 자연적 사실을 발굴하여 구체적인 요건사실을 지지하도록 다듬고 이를 개별 사건에 사용하는 활동으로서 법률정보를 생산하는 과정이라고 설명할 수 있다. 따라서 동일한 자연적 사실이나 정보도 소송대리인이 어떤 소송전략을 구사하는가에 따라 유용한 법률정보가 될 수도 있고 그렇지 않을 수도 있으며, 법률정보로 사용하는 때에도 소송대리인의 의도에 따라 그 기능은 상당히 다를 수 있다.

이런 자연적 사실이나 정보는 대부분 증거라는 형태로 법정에 제출된다. 따라서 입증활동으로서의 법률정보조사는 증거를 생성하는 적극적이고 창의적인 활동이다. 그런데 민사재판에는 증거의 수집과 활용에 있어 당사자가 지켜야 하는 일정한 룰이 있기 때문에 이를 정확히 파악하고 사안의 특성을 고려하여 적시에 딱 맞는 법률정보를 법관에게 제시할 필요가 있다. 이하에는 민사소송법이 규정하고 있는 입증활동의 룰과 여기서 생성되는 증거의 쓰임새에 관하여 살펴보고자 한다.

Ⅱ. 입증활동이 필요 없는 사실

1. 불요증사실의 의의

소송에 있어 입증을 하여야 하는 부담, 즉 입증책임은 소송의 승패에 지대한 영향을 미친다. 소송활동은 크게 당사자의 주장을 법형식에 맞게 정리하여 법적 주장으로 가다듬고, 이후 그 법적 주장을 관철하기 위해 필요한 증거를 수집하여 법정에 제출하는 활동으로 대별할 수 있다. 그런데 소송의 승패를 나눈 판결문을 검토하여 보면 주장 자체로 이유가 없는 경우는 드물고 주장을 지지하는 증거가 없거나 부족한 경우가 대부분이라는 사실을 쉽게 파악할 수 있다. 이는 소송활동의 중요한 부분이 입증활동에 있다는 점을 암시하는 것이다. 실제로 소송활동을 하다보면 대부분의 소송대리인은 주장의 구성 단계에서부터 입증 가부나 정도를 미리 가늠한 후 입증이 가능한 한도 내에서 사실적 혹은 법적 주장을 한다는 점을 쉽게 파악할 수 있다. 그러니까 이론적으로 주장활동과 입증활동이 분리되는 것처럼 보이지만 소송대리인의 입장에서는 위 2가지 활동이 거의 동시에 이뤄진다고 말할 수 있다.

이처럼 입증이 소송에서 결정적인 역할을 하기 때문에 어떤 주장을 입증할 필요 없이 인정받을 수 있다면 이것은 그야말로 땅 짚고 헤엄치는 격이라고 비유할 수 있겠다.

2. 불요증사실의 유형

민사소송법학에선 크게 4가지의 불요증사실을 인정하고 있다. 즉, ① 재판상 자백한 사실, ② 자백간주, ③ 현저한 사실, ④ 법률상 추정되는 사실이 그것이다.

재판상 자백한 사실이란 변론 또는 변론준비절차에서 자신에게 불리한 상대방의 주장을 진실한 것으로 인정하는 당사자의 진술이다(민소 288조 본문 전단). 예를 들어, 입증활동의 대상이 되는 매매 또는 임대차의 성립을 상대방이 인정[4]하거나, 소유권에 기한 이전등기말소청구소송에서 피고가 원고 주장의 소유권을 시인하는 경우[5]에는 매매 또는 임대차의 성립, 그리고 소유권의 존재 사실을 별도의 입증 없이 인정할 수 있게 된다.

자백간주란 당사자가 변론 또는 변론준비절차에서 상대방이 주장하는 사실을 명백히 다투지 아니한 때에는 그 사실을 자백한 것으로 본다는 것이다(민소 150조 1항, 286조). 자신의 권리

4) 대법원 1989. 5. 29. 선고 84다122 판결.
5) 대법원 1989. 5. 9. 선고 87다카749 판결.

를 적극적으로 주장하지 아니하고 침묵하거나 불성실하게 소송에 임하는 당사자에게 불이익을 주는 규정이라고 이해할 수도 있다.

현저한 사실이란 법원이 이미 소상하게 알고 있어서 특별히 증거조사를 할 필요가 없을 정도로 객관성이 확보되어 있는 사실을 말한다(민소 288조 본문 후단). 여기에는 공지의 사실과 직무상 또는 법원에 현저한 사실이 있다. 실무에서 문제가 되었던 것은 직무상 현저한 사실의 범위인데 피해자의 장래수입상실액을 인정하는 데 이용되는 직종별임금실태조사보고서와 한국직업사전의 존재와 그 기재내용[6]이나 통계청이 정기적으로 조사·작성하는 한국인의 생명표에 의한 남녀 각 연령별 기대여명[7]은 법원에 현저한 사실이다.

끝으로 법률상 추정되는 사실이란 추정규정에 의하여 추정되는 사실을 말하는데 예를 들어, 동시사망의 추정(민법 30조), 점유계속의 추정(민법 198조), 동일 상호사용의 부정목적 추정(상법 23조 4항), 일자기재 없는 배서의 기한전 배서 추정(어음법 20조) 등이 있고 판례는 나아가 등기의 추정력을 법률상 추정으로 본다.[8] 법률상 추정되는 사실을 깨뜨리기 위해서는 그 추정을 다투는 자가 제출하는 증거는 반증이 아니라 본증이다.

6) 대법원 1996. 7. 18. 선고 94다29951 판결.
7) 대법원 1999. 12. 7. 선고 99다41886 판결.
8) 대법원 1992. 10. 27. 선고 92다30047 판결.

Ⅲ. 입증활동이 필요한 사실

1. 요증사실[9)]

입증활동이 필요한 사실을 요증사실이라고 한다. 요증사실에는 주요사실, 간접사실, 보조사실이 포함되는데 주요사실이란 법률의 구성요건에 직접 해당하는 사실[10)]이며, 간접사실이란 주요사실을 추인케 하는 사실이고 보조사실은 증거능력이나 증거력에 관계가 있는 사실이다. 입증활동의 주된 대상은 물론 주요사실이지만, 실무적으론 주요사실을 입증할만한 증거를 제출하였다고 하더라도 이를 보강할 수 있는 각종 간접사실을 주장하여 추가적인 입증활동을 한다. 또, 상대방이 제출한 증거의 신뢰도를 떨어뜨리기 위해 보조사실의 입증활동을 한다.

2. 법규

법규의 존재나 적용은 원칙적으로 법원이 확인하여야 할 사항이지만 외국법, 지방법령, 관습법 등은 법관이 알 수 없는 사항이 포함될 수 있으므로 일반적으로 입증의 대상으로 삼고 있다. 특히, 외국의 법규나 국제적 기준은 관련 분쟁을 해결하는 국내

9) 요건사실에 관한 일반적인 개론서로는 사법연수원, 요건사실론, 2008; 권혁재, 요건사실 증명책임, 진원사, 2010; 三井哲夫, 要件事實の再構成, 信山社, 1993 참조.

10) 예를 들어, 매매대금을 청구하는 사건에서 주요사실은 '매매계약의 체결'이다. 풀어서 설명하면 원고와 피고 간에 재산권의 이전을 목적으로 하여 대금을 지급하기로 한 약정을 하였다는 사실이 주요사실이 된다. 만일, 매매대금과 이자를 함께 청구하는 경우라면, 목적물의 인도와 인도시기도 주요사실로서 입증의 대상이 된다.

법적 기준이 없을 때 법관의 판단에 매우 중요한 영향을 미친다. 특히, 국제법규는 직접 국내법적 효력이 없더라도 관련 사건을 처리하는 데 있어 국내법을 보충하는 해석지침이 될 수 있다. 특수한 지역의 관습법의 존부와 내용을 확인하여 법원이 이를 직권조사하는 예도 있으며 이럴 경우 당사자의 관습법 주장은 법원의 직권발동을 촉구하는 취지가 된다. 대법원은 섭외사건에 관하여 적용할 준거외국법의 내용을 증명하기 위한 증거방법과 절차에 관하여 우리나라의 민사소송법에 어떠한 제한도 없으므로 자유로운 증명으로 충분하다는 입장이다.[11)]

3. 경험법칙

경험법칙은 인간의 경험에서 귀납적으로 얻어지는 사물에 대한 지식이나 법칙이다. 쉽게 표현하면 상식인데 상식이라고 하더라도 그 내용이 전문적인 것이면 별도의 입증이 필요하다는 것이 실무의 태도이다. 경험법칙은 사실에 대한 평가적 판단, 증거의 가치판단, 간접사실에 의한 주요사실의 판단에 도움을 준다. 경험법칙의 인정을 그르쳤거나 적용에 잘못을 한 경우에는 법령위반과 같은 것으로 보아 상고이유가 된다.[12)]

---

11) 대법원 1992. 7. 28. 선고 91다41897 판결(미합중국 하와이주의 법률에 의하여 설립된 외국법인의 서울 사무소에서 근무하던 외국인 직원들이 부당해고되었음을 이유로 손해배상을 청구한 사건).

12) 대법원 1970. 10. 23. 선고 70누117 판결(공정증서로서 그 기간(1년제)을 정하여 체결한 임대차계약을 불과 3일 만에 해약함과 같은 사실은 일반인으로 하여금 수긍할 수 있는 특별한 사정이 없다면 경험칙에 어긋나는 사실인정이라 본 사건); 대법원 1971. 11. 15. 선고 71다2070 판결(처가 남편으로부터 그 재산의 처분권을 위임받았다면 이를 미성년자인 아들에게 소유권이전등기를 경료한 후 제3자에게 처분하는 것은 이례에 속하는 것으로써 그렇게 하여야 할 특단의 사정에 대한 심리를 다하지 아니하고 증거 없이 경험칙에 위배하여 처분권 위임사실을 그릇

Ⅳ. 입증활동의 절차

1. 의뢰인과의 의사소통

가. 의사소통의 중요성

변호사에게 있어 입증활동의 시작은 의뢰인과의 의사소통에서 시작된다. 의뢰인과의 의사소통을 통해서 소송대리인은 신뢰관계를 형성하게 된다. 의사소통이 원활하게 이뤄지지 않으면 사건의 중요 포인트를 간과하거나 그릇 평가할 가능성이 높아진다. 입증활동에 있어서 의뢰인과의 대화는 효과적인 증거를 찾는 첫 일보이자 마지막 종착역이라고 표현할 수 있다. 따라서 소송대리인은 언제나 의뢰인과 어떤 방식의 어떤 대화를 할 것인가를 생각하며 의뢰인이 마음먹은 바를 법적으로 온전히 실현할 수 있는 방법과 그 방법이 요구하는 구체적인 사실 및 이를 뒷받침할 증거를 찾는 노력을 경주하여야 한다.

나. 의사소통의 원칙

로여링 스킬로서 의뢰인과의 의소소통에는 몇 가지 원칙이 있다.13)

제1원칙: 경청하라

변호사에게 있어서 듣기는 단순히 의뢰인의 진술을 청취하는

인정하였다고 본 사건).

13) Stefan H. kreiger/Richard K. Neumann, Jr, Essential Lawyering Skills, Aspen Publishers, 2007, p45 이하 참조.

것이 아니라 듣기를 통해 의뢰인이 어떤 사람인지를 파악하고 의뢰인이 말하는 사실뿐만 아니라 의뢰인이 말하지 않으려고 하는 사실까지 파악하는 기술이다. 의뢰인은 흔히 의뢰를 하는 사건을 설명하면서 스스로 자연적 사실을 이루는 여러 요소 중 일부에 대하여 임의로 가치평가를 하여 변호사에게 이야기하지 않는 예가 많다. 때로는 어떤 사실이 의뢰인의 인격에 흠이 되는 내용이라고 파악하여 의도적으로 변호사에게 해당 내용을 감추기도 한다. 의뢰인이 말하고 싶지 않은 내용이나 감추려고 하는 내용이 소송수행에 큰 영향을 주는 것이 아니면 큰 문제가 없겠지만 만일 그것이 소송전략 뿐만 아니라 소송의 승패에도 영향을 줄 수 있는 결정적인 요소라면 반드시 의사소통과정에서 표출할 수 있게 하거나 변호사가 먼저 그 내용의 중요성을 감지하여 의뢰인의 진술을 유도하여야 한다.

제2 원칙: 공감하라

공감은 의뢰인의 감정을 이해하는 능력이다. 법률전문가에게 사건이란 처리하여야 할 업무에 불과할 수도 있겠지만 의뢰인에게는 일생일대에 한 번 있을까 말까한 중대한 이해가 걸린 경험일 수 있다. 따라서 그런 의뢰인의 감정과 입장을 이해하고 그것에 동감을 표시하는 것은 매우 중요한다. 동감이 없으면 의뢰인이 변호사를 신뢰하기 어렵고 사건에 관하여 더 많은 사항을 적극적으로 이야기하기도 힘들다. 그만큼 변호사는 사건에서 멀어지는 셈이다. 그리고 공감은 마음에서 우러나오는 것이어야 한다. 변호사의 공감이 진정성이 있느냐 없느냐는 결국 대화의 태도에서 드러난다. 대화 때 보인 변호사의 어조, 억양, 눈빛 등 여러 가지 태도 요소가 공감의 간접사실이 된다. 변호사가 의뢰인의 입장을 공감하는 지는 누구보다 의뢰인이 가장 먼저, 그리고 가장 정확하게 감지한다.

제3원칙: 질문하라

적절한 때 이뤄진 적절한 방식의 질문은 변호사가 사건을 파악하는 데 갖춰야할 매우 중요한 자질이자 능력이다. 훌륭한 질문은 가히 예술이라고 말할 수 있다. 의뢰인의 사건 설명은 대부분 주요사실의 핵심 내용을 스쳐지나가기 마련이다. 변호사는 의뢰인의 스토리텔링 중 주요사실이 될 수 있는 사항을 잡아내야 하는데 그렇게 하려면 의뢰인이 들려주는 여러 가지 이야기 중에서 법률적으로 의미가 있는 부분을 정확히 잡아낸 후 그 구체적인 내용을 파악할 수 있는 질문을 하여야 한다.

질문의 원칙이라고 하면 다음과 같은 것을 들 수 있다. 먼저, 중요한 정보에 대하여 질문을 하여야 한다. 다음, 질문에 사용하는 용어는 의미 있는 대답을 유도할 수 있게 사용하여야 한다. 그리고 적시에 적절한 상황에서 질문을 하여야 한다. 주된 질문과 부수적 질문을 할 때를 구별하여야 한다. 의뢰인의 대답을 듣고 그것을 구체화하는 질문을 하여야 한다. 끝으로 인내심이 필요하다.

제4원칙: 스토리를 찾고 말해 보라

소송에서 필요한 진실은 증거에 의하여 짜 맞추어지는, 모자이크 된 스토리다. 이렇게 만들어진 소송상 진실은 자연적 사실과 대부분 일치할 수도 있지만 그렇지 않은 경우도 있을 수 있다. 패소한 당사자는 판결서에 나타난 사실인정이 진실이 아니라고 불만을 터뜨릴 수 있지만 법정에서의 진실이란 증거에 의하여 꿰매진 누비이불 같은 것이다.

변호사란 설득력 있는 소송상 진실을 만드는 작업을 하는 사람이다. 따라서 의뢰인과 대화를 하면서 소송에서 필요한 스토리를 구상하여야 한다. 그 스토리에 누가 등장하며 그들은 어떤 사람들이며 이들이 어떤 행동을 했고 거기에는 어떤 법률효과가 수반되는지 구성을 하여야 한다. 그리고 그렇게 만들어진 스토리를 변호사가 법정에서 어떤 방식으로 표현할 수 있는지를 고민하여야 한다. 많은 노력을 들여 만들어진 스토리라고 하더라도 법정에서 그것을 구두로 혹은 서면으로 현출할 수 없는 내용이라면 소용이 없다. 결국 변호사가 주장·입증할 수 있는, 그리고 법관이 보았을 때 그럴 수 있겠다고 판단할 수 있는 스토리를 구성하는 것이다.

제5원칙: 논쟁하라

대화의 기술로서 때로는 의뢰인과 논쟁을 할 필요도 있다. 변호사가 의뢰인의 상대방 혹은 법관의 입장이 되어 의뢰인에게 불리한 여러 가지 사실이나 정황에 대하여 공격적인 질문을 퍼붓는다. 이것을 통해 의뢰인은 자신의 주장이 갖고 있는 문제점을 보다 명확하게 인식할 수 있고 변호사도 향후 사건에 대한 구성과 주장·입증에 필요한 사실관계나 증거의 소재를 효과적으로 파악할 수 있다. 의뢰인에게 우호적인 질문과 대답만으론 사건의 전체윤곽을 제대로 잡아내기 매우 어렵다. 많은 경우, 의뢰인의 상대방은 의뢰인의 주장을 탄핵할 수 있는 중요한 사실을 알고 있다. 의뢰인 주장의 약점을 가장 잘 알고 있는 사람은 바로 법정에서 만나게 될 의뢰인의 상대방이다. 따라서 상대방의 입장에서 사건을 바라보고 그것에 대해 의뢰인이 어떻게 반응하고 대처하는 지를 조심스럽게 살피는 것은 변호사에게 매우 중요한 능력이다.

2. 증거의 수집과 평가

증거의 수집은 의뢰인과의 대화, 이미 제시된 증거를 바탕으로 한 추가적인 조사, 사건 유형에 일반적으로 수반되는 자료 등을 바탕으로 이루어지게 되는데 변호사는 특정 증거를 어떤 경로를 거쳐 획득할 것인지에 대하여 다각적으로 검토하여야 한다. 무엇보다 해당 증거가 어디에 있는지 그 소재를 파악하는 것이 중요하고, 다음으로 그 증거를 합법적으로 취득하기 위해 필요한 구체적인 입증활동으로 무엇을 해야 하는 지 고민하여야 한다.

수집된 증거 혹은 수집할 증거에 대해서는 증거의 가치를 평가할 필요도 있다. 주장사실을 입증하는데 별다른 도움이 되지 않는 증거를 수집하느라 필요 이상의 많은 정력을 소모하는 것은 바람직하지 않기 때문에 수집하려는 증거가 어떤 사실을 입증할 수 있는지를 미리 가늠할 필요가 있다. 그리고 수집 당시의 예상과 달리, 수집해 놓은 증거들의 가치가 주장사실을 입증하는데 기여를 하지 못하는 경우도 있을 수 있고 심지어 의뢰인의 주장을 뒷받침하는 데 부정적인 영향을 줄 수도 있기 때문에[14] 증거의 가치 판단은 매우 중요한 작업이다.

14) 당사자가 단순히 실체적 권리관계에 반하는 허위주장을 하거나, 자신에게 유리한 증거를 제출하고 불리한 증거는 제출하지 아니하거나, 제출된 증거의 내용을 자기에게 유리하게 해석하는 등의 행위만으로는 확

3. 증거조사절차

가. 증거조사절차의 의의

증거의 가치평가가 끝나면 증거에 대한 추가적인 수집과 아울러 법원을 통한 증거조사절차를 밟아야 한다. 소송법적 의미에서 증거조사절차는 법관의 심증형성을 위해 법원이 하는 소송행위로서 그 주체는 법관이라고 할 수 있지만 법관의 심증형성을 위해 증거의 소재를 파악하여 각 증거의 조사를 촉구하는 것은 소송의 당사자 혹은 소송대리인이기 때문에 사실에 있어서의 증거조사란 법관을 비롯하나 소송관계인의 상호작용과정이라고 할 수 있다.

일반적으로 증거조사절차는 ① 증거의 신청, ② 증거의 채부결정, ③ 증거조사 실시의 순서로 이뤄진다.

나. 증거의 신청

증거의 신청이란 주장사실을 증명하기 위하여 증거를 특정하여 법원에 조사를 청구하는 소송행위이다. 증거를 신청할 때는 증거방법이 증명할 사실에 대하여 어떤 관계가 있는지, 즉 입증취지를 명확히 밝히는 것이 중요하다(민소규 74조).

증거신청은 서면 또는 말로 할 수 있다(민소규 161조). 실무상으론 구술로 증거신청을 한 후 채택이 되면 서면신청을 하며 여기에 입증취지를 구체적으로 밝힌다. 물론 구술로 신청하기 전에 미리 필요한 증거의 신청을 서면으로 한 후 변론기일에 그

정판결의 위법한 편취에 해당하는 불법행위가 성립한다고 단정할 수 없다(대법원 2010. 2. 11. 선고 2009다82046, 82053 판결).

신청내용을 확인하고 채부를 정리할 수도 있다. 증거신청은 증거의 유형을 특정하여야 한다. 증인신문이나 당사자신문의 신청은 부득이한 사정이 없는 한 일괄하여 신청하여야 하며 증인신문을 신청할 때에는 증인의 이름·주소·연락처·직업, 증인과 당사자의 관계, 증인이 사건에 관여하거나 내용을 알게 된 경위, 증인신문에 필요한 시간 및 증인의 출석을 확보하기 위한 협력방안을 밝혀야 한다(민소규 75조). 법원이 증거조사 결정을 하면 그 비용을 예납하여야 하는데 비용을 예납하지 않으면 증거조사결정을 취소할 수도 있다(민소규 76조).

증거신청은 소송의 정도에 따라서 적절한 시기에 하여야 하는데(적시제출주의, 민소 146조) 재판장은 당사자의 의견을 들어 증거를 신청할 기간을 정할 수 있고 그 기간을 넘긴 때에는 증거신청을 할 수 없도록 하고 있다(재정기간제도, 민소 147조). 재판장은 변론이 효율적이고 집중적으로 이뤄질 수 있도록 변론준비절차를 실시할 수 있는데 이 절차에서 증거결정을 하고 필요한 범위 내에서 증거조사도 할 수 있다(민소 279조, 281조). 다만, 증인신문 및 당사자신문은 원칙적으로 변론절차에서 진행한다(민소 281조 3항 단서). 서증의 제출과 관련하여서는 소장제출단계에서 기본적인 것들은 제출하도록 하고 있다(민소규 254조 4항). 예를 들어 부동산소송에서는 부동산등기부등본, 친족·상속관계 소송에서 가족관계등록부, 어음·수표금 소송에서는 해당 어음 또는 수표의 사본, 계약관계 소송에서는 계약서 등을 기본적인 증거로 소장에 붙여서 제출한다.

증거신청에 대하여 상대방 당사자는 의견을 진술하는데(민소 274조 1항 5호, 283조 1항) 보통 시기에 늦은 증거신청이라든가,

증거방법이 증거가치가 없다든가, 쟁점의 판단에 불필요한 증거라든가, 또는 서증이 위조되었다는 증거항변을 한다. 법원은 상대방 당사자에게 의견진술의 기회를 부여하면 되고 상대방이 실제로 의견진술을 하여야 하는 것은 아니다.[15)]

다. 증거의 채부 결정

증거신청을 하면 법원은 그에 대하여 신속하게 채부의 결정을 하여야 한다. 부적법한 증거신청, 재정기간을 넘겼거나 시기에 늦은 경우(민소 147조, 149조, 285조)에는 신청을 각하할 수 있다. 또, 법원의 판단으로 해당 증거의 조사가 불필요하다고 생각되면 증거를 조사하지 않을 수 있지만 그것이 주장사실에 대하여 유일한 증거인 때에는 조사하여야 한다(민소 290조). 그런데 판례는 유일한 증거라고 하더라도 그것이 반증일 때는 조사하지 않을 수 있고,[16)] 증거신청절차를 지연하는 때에도 조사하지 않을 수 있다고 해석한다.[17)] 증거의 채부결정을 하지 않고 변론을 종결하면 묵시적 기각이라고 보는데[18)] 이는 당사자의 소송행위의 효력을 불명확하게 하는 것으로 바람직한 해석이 아니다. 증거의 채부결정에 대해선 독립하여 불복할 수 없다고 해석하는데 다만, 합의사건의 변론준비절차를 담당하는 재판장등이 한 증거의 채부결정에 대해서는 당사자가 이의신청을 할 수

---

15) 법원의 증거결정에 의하여 실시된 감정에 따라 제출된 감정서의 내용이 미비하거나 불명확하여 그 보완이 필요하다고 인정하는 경우에는 반드시 변론기일에 당사자의 의견을 들어보고 그 보완을 명하여야 하는 것은 아니므로 변론기일 외에서 감정서의 보완을 명한 조처가 변론주의에 위반한 것이라 할 수 없다(대법원 1989. 3. 14. 선고 88누1844 판결).

16) 대법원 1998. 6. 12. 선고 97다38510 판결.

17) 대법원 1969. 4. 15. 선고 69다67 판결.

18) 대법원 1992. 9. 25. 선고 92누5096 판결.

있고 이에 대해서는 법원이 결정으로 재판을 하여야 한다(민소 281조 2항, 138조).

라. 증거조사의 실시

증거조사는 수소법원이 하는 것이 원칙이나 변론준비절차에서는 절차를 진행하는 재판장등이 그 목적을 달성하기 위하여 필요한 범위 안에서 증거조사를 할 수 있다(민소 281조 3항 본문). 당사자는 쟁점정리기일을 마친 뒤의 변론기일에서 증거조사의 결과를 진술하게 된다(민소 287조 2항). 법원은 필요한 경우 변론준비기일 전에도 증거조사를 할 수 있다.

증거조사는 법원 안에서 하는 것이 원칙이지만, 증거의 성격에 따라서 현장검증, 증인의 임상신문, 제3자 소지 문서의 시증조사 등을 법원 밖에서 할 수 있다.

증거조사기일과 변론기일이 일치하면 변론기일통지를 하는 것으로 충분하지만 별도의 증거조사기일이 지정되면 증거조사기일통지를 따로 송달하여야 한다. 법원은 증거조사의 결과에 대하여 당사자에게 변론의 기회를 주고, 직권으로 증거조사를 한 때에는 그 결과에 대하여 당사자의 의견을 들어야 한다.

증거조사의 결과는 변론기일 또는 변론준비기일에 증거조사를 하였으면 해당 조서에 기재하고, 그렇지 않으면 별도의 증거조사기일의 조서에 기재하여야 한다. 증거의 신청과 채부결정, 증거조사기일의 지정, 증거신청에 대한 상대방의 진술과 증거조사의 경과 등은 서증목록과 증인등목록에 기재한다. 서증목록에는 서증에 관한 사항 중 서증의 현실적 제출에 관한 내용을 기재하고, 증인등목록에는 증인신문, 검증·감정, 사실조회 등에 관련한 사항과 서증에 대한 문서제출명령·문서송부촉탁·법원 밖 서증조사에 관련한 사항을 기재한다.

V. 개별적 입증활동의 개관

1. 증거보전

증거보전이란 소송계속 또는 소송계속 중 특정 증거를 미리 조사해 두었다가 본안소송에서 사실인정에 사용하기 위한 증거조사방법이다. 증거의 특성상 멸실 혹은 변형·변경 등의 우려가 있을 때 미리 조사를 하여 해당 내용을 기록한 후 본안에서의 증거조사와 동일한 효력을 부여하는 것이다.

증거보전의 대상은 모든 증거방법인데 미리 증거조사를 하지 아니하면 그 증거를 사용하기 곤란한 사정이 있어야 한다(민소 375조). 예를 들어 증인이나 당사자가 위독하거나 고령으로 여명을 보장하기 어렵거나 외국에 나가 당분간 귀국이 어렵거나, 공문서 등 기록의 보관기간이 곧 만료한다거나 감정 대상물이 곧 철거되나 멸실될 우려가 있는 경우이다.

증거보전신청에는 인지를 첨부하여야 하고 보전의 사유를 소명하여야 하고 비용을 예납하여야 한다.

소 제기 전에 증거보전은 신문을 받을 증인·감정인·당사자의 거소, 증거로 할 문서를 가진 사람의 거소 또는 검증하고자 하는 목적물이 있는 곳을 관할하는 지방법원이 관할법원이 되고(민소 376조 1항 후단), 시행은 단독판사가 한다. 소 제기 후에 증거보전을 하는 때에는 그 증거를 사용할 심급의 법원이 관할

한다(민소 376조 1항 전단).

증거보전신청을 각하하는 결정에 대해서는 신청인은 항고를 할 수 있다(민소 439조). 증거보전을 통한 증거조사는 해당 증거방법을 조사하는 방법으로 한다. 증거보전절차를 시행하면 증거보전기록을 작성한다. 이 기록은 본안 소송의 수소법원이 스스로 증거보전절차를 시행하는 경우에는 본안 소송의 기록에 첨철하고, 그 밖의 경우에는 증거조사를 행한 법원의 법원사무관 등이 별책으로 보관하고 있다가 제소가 되면 수소법원으로 증거보전기록을 보낸다(민소 382조). 송부된 증거보전결과는 변론에 상정되어야 증거자료로 삼을 수 있다. 따라서 소송대리인은 증거보전결과를 원용하여야 한다.

2. 증인신문

가. 증인신문의 의의

증인신문이란 경험을 통해 알게 된 사실을 법원에 진술하는 증인의 증언을 통해 증거자료를 얻는 증거조사방법이다. 서증의 조사와 더불어 가장 일반적인 증거조사방법이라고 할 수 있다.

증인능력은 당사자, 법정대리인 그리고 당사자인 법인의 대표자를 제외한 제3자가 갖는다. 증인은 출석의무, 선서의무, 진술의무를 부담하며 의무를 위반할 때는 과태료가 부과되거나 감치될 수 있는데(민소 311조, 318조) 실무상으론 출석거부에 의한 과태료부과가 대부분이다.

증인신청은 보통 쟁점정리기일에 이뤄지고 서면신청이 원칙이다. 증인을 신청할 때는 증인과 당사자의 관계, 증인이 사건에 관여하거나 내용을 알게 된 경위 등을 구체적으로 밝혀야 한다

(민소규 75조 2항). 법원실무상으론 일반 당사자의 직접소송의 편의를 위해 증인신청서 양식(전산양식 A1730)을 제공하여 사용을 유도하고 있다.

증 인 신 청 서

1. 사건 : 20 가
2. 증인의 표시

이 름	김희연					
생년월일	1964. 1. 1.					
주 소	서울 ○○구 ○○동 123 4통 5반					
전화번호	자택		사무실		휴대폰	
원·피고와의 관계	원고 처의 친구(고등학교 동창)					

3. 증인이 이 사건에 관여하거나 그 내용을 알게 된 경위
   이 사건 임대차계약을 체결할 당시 원고, 원고의 처와 함께 계약현장에 있었음
4. 신문할 사항의 개요
   ① 이 사건 임대차계약 당시의 정황
   ② 임대차 계약서를 이중으로 작성한 이유
   ③
5. 희망하는 증인신문방식
   (해당란에 "v" 표시하고 희망하는 이유를 간략히 기재)
   ☑ 증인진술서 제출방식 □증인신문사항 제출방식
   □서면에 의한 증언방식
   이유 : 원고측과 연락이 쉽게 되고 증인진술서 작성 의사를 밝혔음

6. 그 밖에 필요한 사항

200 . . .

○고 소송대리인 ○○○ ㊞

○○지방법원 제○부 앞

1. 증인이 이 사건에 관여하거나 그 내용을 알게 된 경위는 구체적이고 자세하게 적어야 합니다.
2. 여러 명의 증인을 신청할 때에는 증인마다 증인신청서를 따로 작성하여야 합니다.
3. 신청한 증인이 채택된 경우에는 법원이 명하는 바에 따라 증인진술서나 증인신문사항을 미리 제출하여야 하고, 지정된 신문기일에 증인이 틀림없이 출석할 수 있도록 필요한 조치를 취하시기 바랍니다.

【그림 14】 증인신청서[19)]

증인조사의 방식은 증인진술서 제출방식, 증인신문사항 제출방식, 서면에 의한 증언방식이 있다.

나. 증인진술서 제출방식

증인진술서 제출방식은 증인신문의 효율성을 높이기 위해 도입된 제도인데 법정에서의 증인신문 전 증인진술서를 먼저 제출하게 하여 상대방에게 송달하고, 법정에서는 쟁점사항에 한하여 주신문을 하고 나머지 사항은 증인진술서의 기재대로 증언하다는 진술로서 정리를 한다. 따라서 실질적인 증인신문은 반대신

19) 법원행정처, 법원실무제요 민사소송[III], 2005, 45쪽 이하 참조.

문을 통해서 이뤄지게 된다.

증인진술서는 상대방의 수에 2(합의부 사건은 3)를 더한 통수의 사본을 제출하여야 하는데, 증인진술서를 제출하면 증인신문사항은 앞서 언급하였듯이 쟁점사항을 위주로 간략하게 정리하여 제출하는 것이 실무의 예이다. 증인진술서의 작성 예에 대해서도 법원이 표준안을 만들어 제공하고 있다.

증인진술서 작성 안내

증인진술서는 증인으로 채택된 사람이 증언할 내용을 적어 법원에 미리 제출하는 서면을 말합니다.

증인진술서는 다음과 같은 요령으로 작성하여, 상대방의 수에 2(다만, 합의부의 경우에는 상대방의 수에 3)를 더한 만큼의 사본을 함께 제출하여야 합니다.

◇ 작 성 요 령 ◇

1. 증인진술서에는 먼저 증언할 사건의 표시(법원, 사건번호, 사건명)와 증인의 인적사항(이름, 생년월일, 주소, 전화번호) 및 당사자와의 관계를 적은 다음, 증인이 <u>증언할 내용을 사건이 진행된 시간 순서에 따라 간결하게 적어야 합니다.</u>
2. 특히 증언할 내용이 증인 자신이 직접 경험한 것인지 여부를 기재하여야 하고, 만일 자신이 직접 경험하지 않은 사실을 적는 때에는 그 사실을 알게 된 경위(예컨대, "언제 어디서 ○○○로부터 들었다")를 분명하게 밝혀야 합니다.
3. 증인진술서에는 <u>개인적인 의견이나 법률적 견해를 적어서는 안 됩니다.</u>
4. 증인진술서의 말미에는 "이상의 내용은 모두 진실임을 서약하며, 이 진술서에 적은 사항의 신문을 위하여 법원이 출석요구를 하는 때에는 법정에 출석하여 증언할 것을 약속합니다." 라는 문구와 증인

진술서를 작성한 날짜를 적고, 작성한 사람이 서명날인하여야 합니다.

※ 구체적 작성례는 뒷면 참조

증 인 진 술 서 (뒷면)

사 건 20 가
원 고 김○○
피 고 이○○

진술인(증인)의 인적사항
이 름 : 박○○
생년월일 : 1970. 11. 25.
주 소 : 서울 00구 00동 000
전화번호 : 02-000-0000(휴대폰 000-000-0000)

1. 진술인은 1988년경 친한 친구로부터 피고를 소개받았는데, 진술인이 장사를 하는 관계로 급전이 필요할 때가 많아 그 무렵부터 여러 차례에 걸쳐 피고로부터 돈을 빌리게 되었고, 개인적으로도 친하게 지내왔습니다.
2. 그러던 중 피고가 2001년 1월경부터 자신의 아들 이름으로 소유하고 있는 봉천 6동 서울아파트 101동 201호를 팔려고 한다면서 진술인에게도 혹시 주위에 살 사람이 있으면 소개하여 달라고 한 사실이 있습니다.
3. 진술인은 2001년 4월경 피고로부터 빌린 차용금의 이자를 갚으러 피고의 집에 갔다가 그곳에 와 있던 원고를 처음으로 보게 되었습니다. 그 날 원고와 피고는 그 자리에서 위 아파트의 매매관계에 관하여 이야기를 나누었던 것으로 기억하는데, 그 날 계약서를 작성하였는지는 모릅니다.
4. 진술인은 그 며칠 뒤쯤 피고로부터 위 아파트를 원고에게 팔았다고 하는 이야기를 전화로 듣고 잘 되었구나 생각하고 있었습니다. 그런데 그 후 보름쯤인가 지난 다음에 피고를 길거리에서 우연히 만났는데, 피고가 하는 말이 원고가 위 아파트를 살 수 없게 되었으니 제발 계약금을 되돌려 달라고 사정사정을 하여 할 수 없이 그 절반만 돌려주고, 서로 없던 일로 하기로 하였다는 이야기를 들은 사실

> 이 있습니다. 그 무렵이나 그 후에 원고를 만난 일은 없습니다.
> 5. 이상의 내용은 모두 진실임을 서약하며, 이 진술서에 적은 사항의 신문을 위하여 법원이 출석요구를 하는 때에는 법정에 출석하여 증언할 것을 약속합니다.
>
> 20 . . .
>
> 진술인 (서명) ㉑

【그림 15】 증인진술서 작성 안내[20]

다. 증인신문사항 제출방식

증인조사의 원칙적인 형태는 증인신문사항 제출방식이라고 할 수 있다. 당사자는 상대방의 수에 3(합의부 사건은 4)을 더한 통수의 증인신문사항을 적은 서면을 법원에 제출하는데 사본 중 1통은 출석요구서와 함께 상대방에게 송달한다(민소규 80조 2항). 만일 양 당사자가 변호사인 소송대리인을 선임하고 있으면 증인신문사항을 상대방 소송대리인에게 팩스로 송부하고 영수증을 받아 법원에 제출하는 것이 실무상 관행이다. 상대방이 증인신문 당시 증인신문사항을 기재한 서면을 미리 교부받지 못하였다고 하더라도 지체 없이 이의하지 아니하면 이의권의 포기·상실로써 그 하자가 치유된다는 것이 판례의 태도다.[21] 이런 경우는 흔히 당사자 본인 진행 사건에서 증인신문사항의 부본을 법원에 제출하지 않고 법원도 제출된 증인신문사항을 복사하여 상대방에게 송달하지 않는 경우에 발생한다. 이런 때를 대비하여 법원의 사건검색서비스나 연락을 취하여 증인신문기일 이전에 증인신문사항이 제출되었는지를 알아보아 필요한 조치를 취할

20) 법원행정처, 법원실무제요 민사소송[III], 2005, 52쪽~53쪽.
21) 대법원 2001. 10. 12. 선고 2001다35372 판결.

필요가 있다.[22]

라. 증인의 출석 확보

증인진술서 제출방식이나 증인신문사항 제출 방식으로 증인조사를 하는 경우에는 증인이 법정에 출석하여야 하는데 증인이 증인신청을 한 당사자에게 우호적인 증인인 때에는 해당 당사자가 직접 증인을 섭외하여 증인신문기일에 대동하는 경우가 많다. 이 경우 보통은 증인신청서에 "여비직불, 증인대동"이라는 취지를 표시한다. 이에 대하여 법원실무서는 증인 명의의 여비포기서를 붙여야 한다는 취지의 설명을 하는데 어차피 여비직불의 표시를 하였기 때문에 법원이 별도로 여비를 인출하는 번거로움이 없는 이상, 여비포기서가 필요하다면 증인신문기일 당일까지 제출하도록 하면 족하다고 생각한다.

증인 불출석이 확실시 되는 때에는 별도로 변론할 내용이 없는 이상 기일을 연기하는 것이 기일의 공전을 막는 길이다. 증인이 정당한 사유없이 출석하지 아니한 때에는 법원은 결정으로 증인에게 이로 말미암은 소송비용을 부담하도록 명하고 500만원 이하의 과태료를 처할 수 있으며(민소 311조 1항), 과태료 재판을 받고도 여전히 정당한 사유없이 불출석하는 때에는 7일 이내의 감치에 처할 수 있다(민소 311조 2항). 그러나 일반적으로 출석을 거부하는 증인은 법원의 인신구속을 지능적으로 피하기 때문에 과태료의 재판 정도만 할 수 있고 실질적으로 감치가 되

22) 민사소송규칙 80조 2항은 법원사무관등이 증인신문사항을 증인신문기일 이전에 상대방에 송달하여야 한다고 규정하고 있으나 송달하지 않은 것 자체로 증인신문기일의 개정을 저지하는 효력이 있는 것이 아니기 때문에 여전히 증인신문기일 전 체크가 필요하다.

는 경우는 많지 않다. 법원은 구인명령을 할 수도 있는데(민소 312조 1항) 마찬가지 이유로 구인명령이 실제로 집행되는 경우는 흔하지 않다.

마. 증인신문의 원칙과 기술[23)]

증인신문은 앞서 언급한 것처럼 구술신문이 원칙이다. 더불어 증인은 따로따로 신문하여야 한다(격리신문의 원칙, 민소328조 1항). 따라서 같은 기일에 복수의 증인이 출석하였다면 신문을 하지 아니하는 증인은 법정 밖으로 나가도록 소송지휘를 하여야 한다. 한편, 증인이 아니더라도 특정인 앞에서 충분히 진술하기 어려운 현저한 사유가 있는 때에는 재판장은 당사자의 의견을 들어 그 증인이 진술하는 동안 그 사람을 법정에서 나가도록 명할 수 있다(민소규 98조).

증인신문의 순서는 신청한 당사자가 주신문을 하고 상대방이 반대신문을 하며 재판장은 원칙적으로 당사자들이 신문을 마친 후 신문한다(교호신문의 원칙, 민소 327조 1항, 2항). 그러나 재판장은 언제든지 신문을 할 수도 있다(민소 327조 3항). 재판부에 따라서는 조서의 정리를 위해 재판장이 과도하게 증언의 내용을 요약하는 경우가 있는데 이것은 때로 일방 당사자에게 편파적으로 비춰질 수 있기 때문에 바람직한 소송지휘형태는 아니라고 할 것이다. 증인신청을 한 당사자는 반대신문 이후에 재주신문을 할 수 있으나 이후의 신문은 재판장의 허가를 받은 때에만 할 수 있다(민소규 89조 2항).

---

23) 증인신문기술에 대한 개괄적인 참고자료는 사법연수원, 증인신문기술, 2008; 吳錫洛, 證人訊問과 書證提出의 要領, 청림출판, 1994; 이순동, 민사소송의 사실인정과 증인신문기법, 진원사, 2009 참조.

주신문은 증명할 사항과 이에 관련된 사항에 관하여 하는데(민소규 91조 1항), 원칙적으로 유도신문을 할 수 없다(민소규 91조 2항). 반대신문은 주신문의 범위 내에서 관련된 사항에 관하여 하는데(민소규 92조 1항) 주신문과 달리 유도신문을 할 수 있다(민소규 92조 2항). 반대신문의 기회에 주신문에 나타나지 아니한 새로운 사항을 신문하고자 하는 때에는 재판장의 허가를 받아야 한다(민소규 92조 3항). 그런데 주신문과 관련성 판단은 구체적 사안에서 애매할 수 있기 때문에 재판장의 신중하고 공정한 진행이 매우 요구되는 사항이다.

신문은 개별적이고 구체적이어야 한다(민소규 95조 1항). 증인을 모욕하거나 증인의 명예를 해치는 내용의 신문, 신문의 대상을 한정한 규정에 어긋난 신문, 의견의 진술을 구하는 신문, 증인이 직접 경험하지 아니한 사항에 관하여 진술을 구하는 신문 등은 원칙적으로 제한한다(민소규 95조 2항). 당사자는 증언의 증명력을 다투기 위하여 필요한 사항에 관한 신문을 할 수 있는데(민소규 94조 1항) 이때 신문은 증인의 경험, 기억 또는 표현의 정확성 등 증언의 신빙성에 관련된 사항 및 증언의 이해관계, 편견 또는 예단 등 증인의 신용성에 관련된 사항에 관하여 한다(민소규 94조 2항).

당사자의 신문이 중복되거나 쟁점과 관계가 없는 때, 그 밖에 필요한 사정이 있는 때에 재판장은 당사자의 신문을 제한할 수 있다(민소 327조 5항). 재판장이 알맞다고 인정하는 때에는 당사자의 의견을 들어 당사자에 의한 신문과 보충신문의 순서를 바꿀 수 있다(민소 327조 4항).

당사자는 증인신문에 관한 재판장의 명령 또는 조치에 대한 이의신청을 할 수 있으며 이의신청은 그 이유를 구체적으로 밝혀 그 명령 또는 조치가 있은 후 바로 하여야 한다(민소규 97조 1항). 법원은 이의신청에 대하여 바로 결정으로 재판하여야 한다(민소규 97조 2항).

바. 서면에 의한 증언 방식

법원은 증인과 증명할 사항의 내용 등을 고려하여 상당하다고 인정하는 때에는 출석, 증언에 갈음하여 증언할 사항을 적은 서면을 제출하게 할 수 있다(민소 310조 1항).

서면에 의한 증언방식은 공시송달사건, 피고가 형식적인 답변서만 제출하고 출석하지 아니하는 사건 등에서 활용하며 나아가 사건의 경위나 정황 등 당사자 사이의 실질적 다툼의 대상이 아닌 사실을 진술하는 경우, 객관적으로 기재된 문서를 전문적 지식에 의하여 설명 또는 정리하는 경우(예를 들어 회계·경리관계, 의사의 진료관계 등) 등에 사용한다.

서면에 의한 증인 방식의 경우에도 증인에게 증언할 요지를 고지하여야 하기 때문에 증인신문사항을 제출하여야 한다. 상대방도 반대신문권을 행사하기 위하여 증인에게 회답을 바라는 사항을 적은 서면을 제출한다(민소규 85조 1항). 법원은 상대방의 이의가 있거나 필요하다고 인정하는 때에는 그 증인을 출석·증언하게 하고(민소 310조 2항) 상대방은 출석한 증인에게 대하여 반대신문을 할 수 있다.

○ ○ 법 원

제○민사부
서면증언요구서

귀하

사 건 20 가

원 고

피 고

신문사항(요지) 별지와 같음

위 사건에 관하여 귀하를 증인으로 채택하여 신문하게 되었습니다. 다만, 귀하에 대해서는 민사소송법 제310조 제1항에 따라 법원에 출석·증언하는 대신 서면증언에 의하기로 하였으므로, 20 . . .까지 별지 신문사항(요지)에 대하여 증언할 사항을 적은 서면을 제출하시기 바랍니다.

20 . . .

법원사무관 ㊞

◇ 유 의 사 항 ◇

1. 서면증언서에는 사건번호를 기재하고, 증인이 서명날인하여야 합니다. ※ 구체적 작성례는 뒷면 참조

2. 서면증언서를 제출한 뒤에도 법원으로부터 출석요구를 받으면 법원에 출석하여 증언하여야 합니다(민사소송법 제310조 제2항).

※ 문의사항 연락처 : ○○지방법원 제○민사부 법원사무관 ○○○
전화(○○) ○○○ - ○○○○
① 팩스(○○) ○○○ - ○○○○ e-mail : @scourt.go.kr

민소 309, 310, 311①, 312, 민소규 84②

서 면 증 언

사 건 20 가
원 고
피 고

증인의 인적사항
이 름 : 박○○
생년월일 : 1972. 3. 3.
주 소 : 서울 00구 00동 000
전화번호 : 02-000-0000(휴대폰 000-000-0000)

1. 본인이 증언할 사항은 첨부한 서면의 해당조항 여백에 직접 기재하였습니다.

2. 본인이 기재한 내용은 모두 진실임을 서약하며, 법원이 출석요구를 하는 때에는 법정에 출석하여 증언할 것을 약속합니다.

※ 첨부 : 신문사항에 대한 답변서

20 . . .

증인 (서명) ㊞

○○지방법원 제○민사부 앞

【그림 16】 서면증언요구서와 서면증언[24)]

24) 법원행정처, 법원실무제요 민사소송[III], 2005, 59쪽~60쪽.

서면증언서가 법원에 도착하면 해당 내용은 등사하여 증언의 내용과 취지를 확인할 필요가 있다. 서면증언서는 당사자가 원용하지 않더라도 증언으로서 증거능력이 있다. 소송대리인은 서면증언의 내용상 직접 신문할 필요가 있다고 생각되면 이를 신청하여야 하는데 법원실무상으론 법원의 직권발동을 촉구하는 의미라고 보아 이의를 받아들일 의무는 없다고 해석하지만, 증언의 신빙성에 의심이 가는 요소가 있다면 변호사는 마땅히 직접신문을 통해 이를 확인하고 해당 증거를 사실인정의 자료로 삼을 수 없다는 점을 재판부에 설득하여야 한다.

3. 서증제출

가. 서증과 제출의 의의

서증이란 문서에 기재된 내용을 증거자료로 삼는 증거방법이다. 여러 형태의 증거방법 중 가장 일반적이며 주장사실을 입증하는 데 가장 확실한 증거가 되는 경우가 많다. 서증의 제출이란 서증을 증거의 자료로 삼기 위해 문서를 법원에 제출하는 것을 말한다.

문서를 분류하는 방식은 여러 가지가 있는데 먼저, 작성 주체를 기준으로 공문서와 사문서로 구분할 수 있다. 공문서는 공무원이 직무권한의 사항에 관하여 직무상 작성한 문서이고 그 이외의 문서는 사문서이다. 어떤 문서가 공문서로 인정되면 성립의 진정이 추정되기 때문에(민소 356조) 공문서를 증거로 제출하는 당사자의 입증부담이 한결 가벼워진다. 확정일자가 있는 사문서처럼 공무원이 직무상 일정한 사항을 기입해 넣은 문서가 있는데 이를 공사병존문서라고 하며, 이 경우에는 공문서부분의 성립으로 사문서 부분의 진정성립이 추정되지 않는다. 이에 따라 공·사 부분을 나누어 서증을 인부한다.

다음으로 문서의 내용에 따라 증명하고자 하는 법률적 행위가 그 문서 자체에 의하여 이뤄진 처분문서와 작성자가 보고 듣고 느낀 것을 기재한 보고문서가 있다. 처분문서는 형식적 진정성립이 인정되면 실질적 증거력이 당연히 인정되기 때문에 서증의 인부가 매우 중요하다.

문서의 형태나 형식에 따라서 문서 그 자체를 말하는 원본, 이를 등사한 사본으로 나누며 사본은 원본 전체의 사본을 등본, 그 일부의 사본을 초본이라고 한다. 문서의 등본 중 정본의 표시가 있는 것을 정본이라고 한다. 또 문서의 등본 중 공증한 등본을 인증등본이라고 한다.

나. 문서의 증거능력과 증거력

문서의 증거능력이란 증거조사의 대상이 될 수 있는 자격을 의미하는데 민사소송은 형사소송과 달리 증거능력이 있는 문서에 제한을 두고 있지 않다. 따라서 전문증거 등의 증거능력도 부인되지 않는다. 소 제기 이후에 계쟁사실에 관하여 작성된 문서도 증거능력이 있고 문서의 사본도 증거능력이 있다.

문서의 증거력은 형식적 증거력과 실질적 증거력으로 나뉜다. 형식적 증거력이란 거증자가 주장하는 특정인의 의사에 기하여 작성된 것으로 문서의 진정성립을 가리킨다. 다르게 표현하면 문서가 타인에 의하여 위조가 되지 않았다는 것을 의미한다. 문서의 형식적 증거력은 무엇보다 '성립의 인부'에 의하여 먼저 결정된다. 성립의 인부 절차에서 상대방은 ① 성립인정, ② 부인,

③ 부지, ④ 침묵 등의 태도를 보일 수 있다.

성립인정을 한다는 것은 그 문서가 거증자가 주장하는 명의인에 의하여 작성되었다는 것을 인정하는 것이 되고 만일 그 문서가 처분문서라면 곧바로 실질적 증거력도 인정된다. 성립인정은 주요사실에 대한 재판상 자백의 법리가 적용되어 법원은 그 형식적 증거력을 인정하여야 한다. 서증의 인부에 대하여 침묵을 하면 성립인정으로 다룬다. 부인을 한다는 것은 해당 서증이 그 명의인에 의하여 작성된 사실을 인정하지 않는 것으로 이렇게 되면 문서제출자는 부인된 문서의 진정성립을 입증하여야 한다. 입증의 방식에는 제한이 없고 변론의 전취지만으로도 성립을 인정할 수 있다고 한다.[25] 부지란 해당 서증이 거증자가 주장하는 작성 명의인에 의하여 작성된 것인지를 모르겠다는 진술로서 서증인부의 가장 일반적인 형태이다. 그러나 상대방은 자신의 명의 혹은 그 대리인의 명의로 작성된 문서에 대해서는 문서가 위조되었다는 취지의 부인을 하거나 성립을 인정할 수 있을 뿐 부지라는 대답을 할 수 없다.[26]

공문서의 경우엔 문서의 형식적 증거력이 추정된다(민소 356조 1항). 따라서 문서의 진정성립을 다투는 당사자가 반증을 하여야 한다. 사문서의 경우 그 문서에 있는 본인 또는 대리인의 서명이나 날인이 진정한 것으로 인정되면 문서 전체에 대하여 형식적 증거력을 추정할 수 있다.[27] 다만, 날인행위가 작성명의인 이외의 자에 의하여 이뤄진 경우나 그 의사에 기하지 않은

25) 대법원 1993. 4. 13. 선고 92다12070 판결.
26) 대법원 1964. 9. 22. 선고 64다447 판결; 대법원 1972. 6. 27. 선고 72다827 판결.
27) 대법원 1972. 12. 26. 선고 72다1698 판결.

경우에는 추정에서 제외된다.[28] 보통은 문서에 날인된 인영을 다투고자 할 때는 해당 인영이 위조되었다거나 인영이 절취되어 날인되었다는 취지의 주장을 하게 된다. 문서의 진부에 다툼이 있으면 필적이나 인영을 대조하여 증명을 하기도 하는데 이때는 문서를 작성한 명의인의 필적(인영)과 문서에 기재된 필적(인영)을 감정촉탁하여 그 동일성을 판정한다. 문서의 위조 여부는 재판부가 육안으로 할 수도 있다.[29]

실질적 증거력이란 문서가 요증사실을 증명하기에 적합한 가치를 말한다. 실질적 증거력의 판단은 법관의 자유심증에 의한다. 처분문서의 경우, 진정성립이 인정되면 실질적 증거력이 인정되기 때문에 처분문서를 배척할 때는 합리적인 이유가 있어야 한다. 보고문서는 형식적 증거력을 인정한다고 하여 곧바로 실질적 증거력이 인정되지는 않는다. 실무상 중요한 실질적 증거력의 추정에 관해서는 등기부등본이 대표적이다. 판례는 등기부등본에 기재된 권리상태는 진실하며 등기원인과 그 절차도 정당한 것으로 추정한다. 따라서 등기부에 기재된 내용을 다투려는 자가 반증을 하여야 한다.

다. 서증제출의 방식

서증제출의 가장 일반적인 방식은 거증자가 소지하고 있는 문서를 직접 법원에 제출하는 것이다. 보통은 전자복사기로 복사한 사본인 서증을 제출한다. 물론 상대방이 원본의 존재 및 성립을 다투게 되면 인증등본 등을 제출하거나 별도의 입증을 하여야 한다. 원고가 제출하는 서증을 '갑 호증', 피고가 제출하는

28) 대법원 1995. 3. 10. 선고 94다24770 판결.
29) 대법원 1977. 9. 13. 선고 77다762 판결.

서증을 '을 호증'이라고 하여 서증에 번호를 붙여 구분한다.

상대방 혹은 제3자가 소지하고 있는 문서에 대해서는 문서제출명령을 신청하여 서증을 확보하고 이를 법원에 제출한다. 문서제출명령을 신청하려면 해당 문서의 소지자가 제출의무가 있어야 한다. 민사소송법은 3가지의 경우에 제출의무가 있는 것으로 규정한다(민소 344조 1항 각 호). ① 당사자가 소송에서 인용한 문서를 가지고 있을 때, ② 신청자가 문서를 가지고 있는 사람에게 그것을 넘겨 달라고 하거나 보겠다고 요구할 수 있는 사법상의 권리를 가지고 있을 때, ③ 문서가 신청자의 이익을 위하여 작성되었거나 신청자와 문서를 가지고 있는 사람 사이의 법률관계에 관하여 작성된 것일 때.

문서제출을 신청할 때는 ① 문서의 표시, ② 문서의 취지, ③ 문서를 가진 사람, ④ 증명할 사실, ⑤ 문서를 제출하여야 하는 의무의 원인 등을 기재한다(민소 345조).

문서제출명령신청서

사건번호　20　가　　　　[담당재판부 제　　단독(부)]
원　　고
피　　고

위 사건에 관하여 원(피)고는 주장사실을 입증하기 위하여 다음과 같이 문서제출명령을 신청합니다.

1. 문서의 표시
2. 문서의 취지(내용)
3. 문서를 가진 사람
4. 증명할 사실
5. 문서제출의무의 원인(해당란에 ✔표시)

□ 상대방이 소송에서 인용한 문서를 가지고 있음(인용문서)
□ 신청자가 문서를 가지고 있는 사람에게 그것을 넘겨달라고 하거나 보겠다고 요구할 수 있는 사법상의 권리를 가지고 있음(인도 · 열람문서)
□ 문서가 신청자의 이익을 위하여 작성되었음(이익문서)
□ 문서가 신청자와 문서를 가지고 있는 사람사이의 법률관계에 관하여 작성된 것임(법률관계문서)
□ 그 밖에 제출이 필요한 문서　사유 :

20　.　.　.

신청인 원(피)고　　　　(날인 또는 서명)
(연락처)

○○지방법원　귀중

◇ 유의사항 ◇

1. 양식중 원, 피고 해당란에 원고의 경우에는 '원'에, 피고의 경우에는 '피'에 ○표를 하기 바랍니다.
2. 연락처란에는 언제든지 연락 가능한 전화번호나 휴대전화번호(팩스번호, 이메일 주소등도 포함)를 기재하기 바랍니다.

【그림 17】 문서제출명령신청서[30)]

문서제출명령에 의하여 문서가 법원에 제출되면 명령을 신청한 당사자는 변론기일에 해당 문서를 서증으로 제출할 것인지를 결정하여야 한다. 문서 소지자가 문서를 법원에 낸 것만으로는 서증의 제출 효과가 없다. 사문서의 원본이 문서로 제출되면 신청인은 서증으로 제출하고자 하는 부분을 특정하여 그 사본을 법원에 제출하지만, 법원, 검찰청 등 공공기관이 보내온 인증등본은 증거로 사용할 부분만 특정하여 증거목록을 제출하고 따로 사본을 하여 법원에 제출하지 아니한다.

문서의 소지자가 문서제출명령을 받고도 이를 제출하지 아니하면 법원은 문서의 기재에 대한 상대방의 주장을 진실한 것으로 인정할 수 있다(민소 349조). 법문의 의미에 관해서 법원은, 법원이 문서에 관한 주장을 진실한 것으로 인정할 수 있다는 것이지 그 문서에 의하여 상대방이 입증하고자 하는 사실 자체를 진실로 인정할 수 있는 것은 아니라고 해석한다.[31)] 이런 법원의 해석론은 문서제출명령의 실효성을 크게 떨어뜨리고 증거의 구

30) 대법원 홈페이지(www.scourt.go.kr) 게시자료 참조(2010. 8. 10. 방문).
31) 대법원 1993. 11. 23. 선고 93다41938 판결.

조적 편재로 인하여 생길 수 있는 불공정한 재판을 막을 수 있는 좋은 해결책을 제대로 활용하지 못하는 견해라고 생각한다.

서증의 신청은 문서를 가지고 있는 사람에게 그 문서를 보내도록 촉탁할 것을 신청함으로써도 할 수 있는데 이것을 문서송부촉탁신청(민소 352조 본문)이라고 한다. 국가기관, 법인, 병원 등이 보관하는 문서를 서증으로 제출하고자 할 때 많이 사용하는 방식이다. 보통은 인증등본의 촉탁을 신청한다. 당사자가 법령상 교부청구권이 있는 문서에 대해서는 직접 해당 기관에 문서의 교부를 청구하여 제출하여야 하고 법원을 통해 문서송부촉탁을 할 수 없다(민소 352조 단서).

검찰청에서 보관하고 있는 수사기록이나 완결된 형사재판기록에 대하여 문서송부촉탁을 하는 경우, 검사가 수사상 기밀이나 당사자의 사생활 보호 등을 이유로 송부에 소극적인 경우가 있는데 이런 경우 현실적으로 송부를 기대하기 어렵다. 민사소송법 제352조의2는 협력의무를 규정하고 있으나 제재수단이 없어 큰 실효성은 없다. 신속하고 적정한 소송의 진행을 위해 수사기록 등의 증거사용절차에 관한 일반적이고 공식적인 룰의 제정이 필요하다.

송부촉탁한 문서가 도착하면 문서제출명령의 예에 따라 증거제출절차를 밟는다.

문서송부촉탁신청서

사건번호 20 가 [담당재판부 : 제 (단독)부]

원 고

피 고

위 사건에 관하여 원(피)고는 주장사실을 입증하기 위하여 아래와 같이 문서송부촉탁을 신청합니다.

1. 기록의 보관처

2. 송부촉탁할 기록

3. 증명하고자 하는 사실

20 . . .

위 원(피)고 (날인 또는 서명)

(연락처)

○○지방법원 귀중

◇유의사항◇

1. 양식의 이름란에 원고의 경우에는 '원'에, 피고의 경우에는 '(피)'에 ○표를 하기 바랍니다.
2. 연락처에는 언제든지 연락 가능한 전화번호나 휴대전화번호를 기재하고, 그 밖에 팩스번호, 이메일 주소 등이 있으면 함께 기재하기 바랍니다.

【그림 18】 문서제출명령신청서[32)]

32) 대법원 홈페이지(www.scourt.go.kr) 게시자료 참조(2010. 8. 10. 방문).

4. 감정의 신청

가. 감정의 의의

감정이란 전문적 지식과 경험이 있는 자가 법규나 경험칙 또는 이를 구체적 사실에 적용하여 얻은 사실판단을 법원에 보고하게 하는 증거조사이다. 감정을 시행하는 자를 감정인이라고 하고 감정인의 보고사항을 감정의 결과라고 한다.

감정의 대상이 되는 법규로는 외국법규, 특정 사회의 관습법 등이 있고, 사실판단의 예로는 부동산 등의 시가나 임대료, 토지의 경계측량, 공사의 하자 유무와 그 정보 및 보수비용, 필적·인영·지문의 동일성, 사용된 잉크 또는 용지의 동일성, 상해의 부위 및 정도, 향후 치료의 소요일수, 노동능력상실율 등 매우 다양하다.

감정은 전문적 식견을 요하는 소송에서 법관의 판단에 결정적 영향을 미치기 때문에 공정한 방식으로 감정인을 선정하고 공정하게 감정하는 절차가 매우 중요하다.

나. 감정신청의 절차

감정을 신청하려면 감정을 구하는 사항과 입증취지, 감정대상을 적은 신청서를 제출한다(민소규 101조 1항 본문). 감정은 시일이 많이 소요되는 증거제출 방식이어서 소송대리인은 사안의 성격에 따라 변론기일이 열리기 이전에 미리 적절한 내용의 감정신청을 하여야 한다. 법원은 사전에 신청된 감정신청의 내용을 보고 증거의 채택여부를 결정하며 변론기일은 감정결과가 법원에 도착한 후에 지정하는 경우가 대부분이다. 사건의 유형에

따라 소송대리인이 신청하여야 할 전형적인 감정의 유형이 있다. 예를 들면 다음과 같은 것들이다.[33]

① 손해배상(자)·(산): 신체감정
② 손해배상(의): 진료기록감정·신체감정
③ 보험금: 보험사고의 내용에 따라 신체감정 또는 시가감정
④ 공유물분할·경계확정: 측량감정
⑤ 부당이득금: 측량감정(무단점유)·시가감정(임료)
⑥ 지료 등: 시가감정(임료)
⑦ 건물인도·건물철거·토지인도 등: 측량감정·유익비감정
⑧ 공사대금: 하자보수비감정·기성고 감정

법원이 지정한 감정인이 성실하게 감정할 수 없는 사정이 있는 때에는 기피신청을 할 수 있다(민소 336조 본문). 기피신청에 대하여 법원이 이유가 없다는 결정을 하면 즉시항고 할 수 있다(민소 337조 3항). 그 결정이 수명법관·수탁판사가 한 재판이면 먼저 수소법원에 이의신청(민소 441조)을 하고나서 그 이의가 기각된 경우에 한하여 즉시항고 할 수 있다. 한편, 감정인이 해당 사항을 감정할 능력이 부족하다고 판단되면 사유를 밝혀 감정인의 변경을 신청할 수도 있다.

감정을 신청할 때는 해당 감정에 소용되는 비용(감정료)을 예납하여야 한다. 아래의 예시는 신체감정신청서이다. 실무적으론 감정신청서에 감정사항을 별도로 정리하여 첨부하며 법원은 감정을 촉탁하면서 당사자가 제출한 감정사항의 별지를 첨부한다.

33) 법원행정처, 법원실무제요 민사소송[III], 2005, 174쪽 참조.

신체감정신청서

사 건 20 가 [담당재판부 : 제 (단독)부]

원 고

피 고

위 사건에 관하여 주장사실을 입증하기 위하여 다음과 같이 신체감정을 신청합니다.

다 음

1. 신체감정할 사람의 표시
   (1) 성 명 : (주민등록번호 -)
   (2) 생년월일 : 20 . . . 생
   (3) 주 소 :
   (4) 본 적 :

2. 신체감정할 사항

(예시)원고 ○○○이 20 . . . 입은 상해에 관하여

(1) 치료가 종결된 여부

(2) 향후치료가 필요하다면 그 치료의 내용과 치료기간 및 소요치료비 예상액

(3) 원고에게 특별히 개호인을 붙일 필요가 있는지 여부, 있다면 개호인을 붙여야 할 기간과 개호인 비용(개호인 업무내용이 도시일용

보통인부가 담당할 수 있는 것일 때는 그 취지를 기재 요망)
(4) 원고가 휠체어, 의족 등 보조구를 필요로 할 때에는 보조구의 소요 개수와 개당 수명 및 그 단가
(5) 위의 상해가 원고의 평균수명에 영향이 있는지의 여부, 있다면 예상되는 여명의 단축기간
(6) 치료(예상치료의 경우 포함)종결상태를 기준으로 하여 원고에게 정신 및 육체적 노동능력의 감퇴가 예상되는지의 여부
(7) 노동능력 감퇴가 예상되는 경우에
(가) 원고가 직업에 계속 종사할 수 있는지의 여부, 종사할 수 있다면 그에 대한 노동능력의 상실 정도(%로 표시)
(나) 원고가 일반도시 또는 농촌 일용노동자(보통인부)로 종사하는 경우 그 노동능력의 상실 정도(%로 표시)
(다) 기타 필요한 사항

20 . . .

원(피) 고 (날인 또는 서명)

○○지방법원 귀중

【그림 19】 신체감정촉탁신청서[34)]

다. 감정결과에 대한 검토

감정결과가 법원에 도착하면 유리한 당사자가 이를 원용한다는 진술을 한다. 감정신청을 한 당사자가 원용할 의무는 없다. 한편, 감정의 내용상 견해가 나눠질 가능성이 있는 것은 처음부터 복수의 감정을 신청하기도 한다. 또, 최초의 감정결과가 일반적인 경험칙이나 기존에 알려진 사실과 상당한 차이를 보이거나

34) 대법원 홈페이지(www.scourt.go.kr) 게시자료 참조(2010. 8. 10. 방문).

감정인이 해당 감정을 할 자격이나 전문적 지식이 부족하다는 사실이 밝혀지거나 감정에 사용된 방법이 적절하지 않았다는 등의 사정을 소명하여 재감정을 신청할 수도 있다. 신체감정을 받아야 하는 사람이 재감정을 하게 될 병원과 원거리에 있는 병원에 입원해 있어 재감정에 응할 수 없다고 한다면 입원한 병원 근처의 병원에서 재감정을 받을 수 있도록 조치를 취하여야 한다는 판결도 있다.[35)]

감정결과의 오류를 적극적으로 밝히거나 감정의 내용을 탄핵하기 위해 감정인신문을 하기도 한다. 이 경우, 감정서와 감정인신문결과가 일체가 되어 감정의견을 구성한다. 감정결과의 탄핵을 위하여 신문을 하는 경우 소송대리인은 미리 해당 분야의 전문가의 의견을 청취하여 구체적인 탄핵 전략을 세운다.

5. 검증의 신청

가. 검증의 의의

검증이란 법관의 오감을 통해 사물의 현상에 대하여 인식한 결과를 증거자료로 삼는 증거조사방법이다. 검증은 자동차사고의 현장, 공사장·기계의 현황, 토지의 경계상황 등 주로 시각적인 확인을 위해 많이 활용되지만 소음이나 냄새 등 청각 또는 후각적인 사항을 확인하기위한 수단으로도 사용된다.

서증의 진정성립 인정을 위한 필적 또는 인영의 대조는 육안에 의한 판결이 가능한 범위 내에서는 검증절차로 이뤄지지만 보다 전문적인 조사가 필요한 때에는 감정을 하여야 한다.

35) 대법원 1999. 2. 26. 선고 98다51831 판결.

나. 검증의 신청

검증도 감정과 마찬가지로 변론기일이 열리기 전에 미리 증거신청을 하여 그 결과가 변론기일 전에 현출되도록 하는 것이 소송운영에서 적절하다. 물론 구체적인 사건의 전개 상황에 따라 변론기일 사이에 검증이 이뤄질 수도 있다.

검증을 신청할 때는 검증의 목적(검증물)을 특정하고(민소 364조), 그에 의하여 증명할 사실관계를 구체적으로 명시하여야 한다(민소규 74조). 검증에 비용이 소요될 때에는 비용을 예납하여야 한다. 검증기일에는 당사자가 출석하여 검증에 관한 의견을 진술하는데 그 내용을 명확히 하기 위하여 검증현장에서 관련 의견을 서면으로 전달하고 검증 이후에도 검증과 관련한 의견을 정리하여 제시하는 것이 적절하다.

법원이 검증장소로 출장을 가지 않을 때는 검증목적물을 법원에 제출하여야 하는데 그 방법은 서증에 관한 규정이 준용된다(민소 366조). 따라서 신청인이 소지하고 있는 물건은 직접 제출하고(민소 343조 전단), 제3자가 소지하고 있는 물건은 제출명령신청 또는 송부촉탁신청을 한다(민소 343조 후단, 352조).

검증 · 감정신청서

사건번호 20 가 [담당재판부 : 제 (단독)부]

원 고

피 고

위 사건에 관하여 원(피)고는 주장사실을 입증하기 위하여 다음과 같이 검증 및 감정을 신청합니다.

1. 검증·감정의 목적

2. 검증의 목적물

3. 감정의 목적물

4. 검증·감정사항

20 . . .

원(피)고 (날인 또는 서명)

(연락처)

○○지방법원 귀중

◇ 유의사항 ◇

1. 양식의 이름란에 원고의 경우에는 '원'에, 피고의 경우에는 '(피)'에 ○표를 하기 바랍니다.
2. 연락처에는 언제든지 연락 가능한 전화번호나 휴대전화번호를 기재하고, 그 밖에 팩스번호, 이메일 주소 등이 있으면 함께 기재하기 바랍니다.

【그림 20】 검증·감정신청서[36)]

다. 검증결과에 대한 검토

검증을 하고 나면 검증조서를 작성하는데 재판의 증거로서 사용되는 것은 결국엔 검증조서에 기재된 내용이다. 따라서 검증조서에 검증의 내용이 정확하게 기재되는 것이 매우 중요하다. 또 검증을 할 당시 검증장소에 입회한 소송대리인은 사진촬영 등 별도의 자료를 수집하는 활동을 적극적으로 하는 것도 중요하다. 이런 자료들을 바탕으로 혹 검증조서에 애매하게 기술된 부분이 있으면 그 의미에 오해가 없도록 명확하게 관련 내용을 정리하는 준비서면 등을 제출할 필요가 있다.

6. 사실조회의 촉탁

가. 사실조회의 의의

사실조회란 공공기관, 학교 등 각종 단체에게 그 업무에 속하는 특정사항에 관하여 조사 또는 보관 중인 문서의 등본·사본의 송부를 촉탁하여 증거를 수집하는 절차를 말한다. 조사의 촉탁이라고도 부른다(민소 294조). 2002년 민사소송법 개정으로 단체 뿐 아니라 개인에 대해서도 사실조회를 할 수 있도록 하여 해당 제도가 더욱 활성화되었다. 사실조회회보가 공무서인 때는 별도의 신빙성 있는 반대자료가 없는 한 법원은 그 기재에 어긋나는 사실 인정을 할 수 없다.[37]

---

36) 대법원 홈페이지(www.scourt.go.kr) 게시자료 참조(2010. 8. 11. 방문).
37) 대법원 1990. 11. 23. 선고 90다카21022 판결.

나. 사실조회의 신청

사실조회를 신청하기 위해서는 사실조회를 하려는 대상기관, 사실조회를 하려는 내용, 입증의 취지 등을 기재한 신청서를 법원에 제출하여야 한다. 또, 사실조회를 통해 문서의 송부를 받으려면 송부 받으려는 문서를 정확히 특정하는 것도 중요하다. 따라서 사실조회신청서를 제출하기 전에 사실조회를 할 해당 기관에 연락을 취하여 사실조회하려는 내용이 조사 가능한 것인지, 송부 받으려는 문서가 실재하는 지 등을 미리 파악해 놓는 것이 적절하다.

간혹 법원이 외부기관에 사실조회를 하였는데도 회신이 지체되는 경우가 있는데 이때는 법원의 조치만을 기다릴 것이 아니라 해당 기관에 연락하여 왜 회신이 늦어지는지 원인을 파악하여 법원에 그 이유를 고지하면서 사실조회독촉을 의뢰하는 등 적극적 조치를 취하여야 한다. 사실조회의 지연은 종종 소송의 지연으로 연결되는 경우가 많다. 사실조회의 유형에 따라서는 비용의 예납이 필요한 경우도 있다.

사실조회신청서

사 건 20 가 [담당재판부 : 제 (단독)부]
원 고
피 고

위 사건에 관하여 주장사실을 입증하기 위하여 다음과 같이 사실조회를 신청합니다.

(예시)
1. 사실조회의 목적
본건 지역의 벼농사가 피고 회사 제조공장 설치 후 그 공장에서 흘러나오는 폐유에 의하여 소장 청구원인 제3항에 기재와 같이 수확이 감소된 사실을 명백히 함에 있다.
2. 사실조회 기관
농림수산부 농산물검사소
3. 사실조회 사항
가. 경기도 부천군 소래면 서부지구에 있어서 2000년 이전의 평년작 마지기당 수확량
나. 위 지역에 있어서 1998년도 및 1999년도의 각 마지기당 수확량

20 . . .

신청인 원(피)고 (날인 또는 서명)
(연락처)

○○지방법원 귀중

【그림 21】 사실조회신청서[38)]

38) 대법원 홈페이지(www.scourt.go.kr) 게시자료 참조(2010. 8. 11. 방문).

다. 사실조회회보에 대한 검토

사실조회결과가 법원에 도착하면 해당 내용을 복사하여 검토할 필요가 있다. 사실조회결과는 당사자의 원용이 없어도 재판 사실인정의 자료를 쓸 수 있지만 보통은 이익을 얻는 당사자가 원용을 하게 된다. 간혹 사실조회결과가 애초 조회하려는 취지를 살리지 못하고 불완전하게 기재되는 경우도 있고 조사기관 담당자의 실수로 사실과 다른 내용이 기재되는 예도 있다. 따라서 회보의 내용이 의심쩍을 때는 조사기관에 연락을 취하여 회보의 내용이 정확한 것인지 확인을 하고 만일 오류가 있다면 오류의 내용을 밝히면서 다시 사실조회를 신청하여 객관적인 정보를 수집하여야 한다.

사실조회 회보에 첨부되는 문서는 따로 서증으로 제출할 필요가 없고 해당 문서를 준비서면에서 특정하면서 관련 주장을 정리하면 된다. 이점은 문서송부촉탁과 다르다. 다만, 당해 기관이 작성하지 않은 문서가 포함되어 있을 때는 이를 별도의 서증으로 제출한다.[39)]

7. 당사자신문

가. 당사자신문의 의의

당사자신문은 당사자를 증거방법으로 하여 당사자가 경험한 사실을 진술하게 하여 증거자료를 얻는 증거조사방법이다. 당사자를 신문하는 것이 진실파악과 소송의 원활하고도 신속한 진행에 도움이 된다는 전제에서 독립적인 사실인정의 증거자료로서

39) 법원행정처, 법원실무제요 민사소송[III], 2005, 218쪽.

규정하고 있다(민소 367조). 그러나 실무에서는 여전히 종전처럼 보충적 증거방법의 성격을 완전히 탈피하지는 못하고 있다. 소송무능력자도 당사자신문의 대상이 되고(민소 372조 단서) 당사자를 대표하는 법정대리인도 신문의 대상이 된다(민소 372조 본문).

나. 당사자신문의 신청과 절차

당사자신문에는 증인신문에 관한 규정이 준용되므로 신청한 당사자는 법원이 정한 기한까지 상대방 수에 3 또는 4를 더한 통수의 당사자신문사항을 기재한 서면을 당사자신문 신청서와 함께 법원에 제출하여야 한다(민소규 119조, 80조).

재판장은 필요할 때는 당사자 서로의 대질 또는 당사자와 증인의 대질을 명할 수 있다(민소 368조). 당사자가 정당한 사유 없이 출석하지 아니하거나 선서 또는 진술을 거부한 때에는 법원은 신문사항에 관한 상대방의 주장을 진실한 것으로 인정할 수 있다(민소 369조). 이는 법원의 재량에 따라 신문사항에 관한 상대방의 주장을 진실한 것으로 인정할 수 있다는 것[40]으로 당사자신문 사항 가운에 어느 항을 진실한 것으로 인정한 다음 그에 의하면 상대방 당사자의 요건사실에 관한 주장사실을 인정할 수도 있다고 한다.[41] 선서한 당사자가 거짓진술을 한 때에는 법원은 결정으로 500만원 이하의 과태료에 처할 수 있고(민소 370조 1항) 과태료 결정에 대해서는 즉시 항고할 수 있다(민소 370조 2항). 과태료 결정을 할 것인지는 법원의 재량으로 상대방 당사자는 이를 신청할 권리는 없다.[42] 당사자가 소송의 계속

40) 대법원 1973. 9. 25. 선고 73다1060 판결.
41) 대법원 1990. 4. 13. 선고 89다카1084 판결.

중 자신의 진술이 거짓임을 인정한 경우에는 법원은 과태료의 결정을 취소할 수 있다(민소 370조 3항, 363조 3항).

8. 그 밖의 증거에 대한 조사

가. 새로운 증거의 등장과 증거조사

과학기술이 발전하면서 각종 정보를 저장할 수 있는 방법과 매체가 새롭게 개발되고 있고 이에 따라 이들 매체에 대한 증거조사방법에 관한 규정을 둘 필요가 생겼다. 민사소송법은 도면·사진·녹음테이프·비디오테이프·컴퓨터용 자기디스크, 그 밖에 정보를 담기 위하여 만들어진 물건으로서 문서가 아닌 증거의 조사에 관한 사항은 감정, 서증, 검증에 관한 증거조사방법에 준하여 대법원 규칙에 자세한 내용을 정하도록 규정하고 있다(민소 374조).

나. 자기디스크등에 기억된 문자정보 등에 대한 증거조사

민사소송규칙은 컴퓨터용 자기디스크·광디스크, 그 밖에 이와 비슷한 정보저장매체(이하 '자기디스크등')에 기억된 문자정보를 증거자료로 하는 경우에는 읽을 수 있도록 출력한 문서(이하 '출력문서')를 제출할 수 있도록 규정하고(민소규 120조 1항) 자기디스크등에 기억된 문자정보를 증거로 하는 경우에 증거조사를 신청한 당사자는 법원이 명하거나 상대방이 요구한 때에는 자기디스크등에 입력한 사람과 입력한 일시, 출력한 사람과 출력한 일시를 밝히도록 하고 있다(민소규 120조 2항). 자기디스크등에 기억된 정보가 도면·사진 등에 관한 것인 때에도 위와

42) 대법원 1998. 4. 13.자 98마413 결정.

같은 증거조사방법이 그대로 준용된다(민소규 120조 3항).

실무상으로는 자기디스크 등에 대한 증거신청이 있으면 신청인으로부터 출력문서뿐만 아니라 자기디스크등도 함께 제출받아 일시 보관하여 두었다가 증거조사결과에 대하여 상대방이 이의가 없을 때 자기디스크등을 신청인에게 반환하는 방식으로 증거조사가 실시된다(민소규 122조, 118조, 111조 참조). 자기디스크 등의 정보는 언제든지 유실될 가능성을 배제할 수 없으므로 소송대리인으로서는 정보를 그대로 복사한 자기디스크등을 제출하면서 법원에 그 취지를 알리는 등의 조치도 고려하여야 한다.

다. 음성·영상자료 등에 대한 증거조사

녹음·녹화테이프, 컴퓨터용 자기디스크·광디스크, 그 밖에 이와 비슷한 방법으로 음성이나 영상을 녹음 또는 녹화(이하 '녹음등')하여 재생할 수 있는 매체(이하 '녹음테이프등')에 대한 증거조사를 신청하는 때에는 음성이나 영상이 녹음등이 된 사람, 녹음등을 한 사람 및 녹음등을 한 일시·장소를 밝혀야 한다(민소규 121조 1항). 녹음테이프등에 대한 증거조사는 녹음테이프등을 재생하여 검증하는 방법으로 한다(민소규 121조 2항). 따라서 증거조사를 한 내용은 검증조서에 기재된다. 영상을 담은 자료의 증거조사는 주요 영상을 캡처한 사진과 이를 설명하는 자료도 함께 제출하여 법원의 이해를 도모하여야 한다. 녹음테이프등에 대한 증거조사를 신청한 당사자는 법원이 명하거나 상대방이 요구한 때에는 녹음테이프등의 녹취서, 그 밖에 그 내용을 설명하는 서면을 제출하여야 한다(민소규 121조 3항).

실무상 녹음테이프의 음성 내용만이 증거가 된다면 녹취록을 작성하여 서증으로 제출하는 것이 일반적인데, 녹취록을 읽는 것만으로 입증하려는 취지가 분명히 드러나지 않을 때는 해당 매체를 참고자료로서 같이 제출하는 것도 좋은 방법이다.

제 2 장

제1심 소송절차의 개관[1)]

민사소송절차를 규율하는 민사소송법도 대륙법계의 특징을 담아서 판덱텐 체계로 구성되어 있다. 제1심 소송절차는 제2편에 규정되어 있고, 상소심은 제3편에 규정한다. 제4편부터 제6편은 재심, 독촉절차, 공시최고절차 등 특수한 형태의 재판절차를 규정하고, 제7편은 전체 재판에 적용되는 판결의 확정 및 집행정지에 관하여 규정한다. 제1편은 총칙으로 역시 전체 민사소송절차에 적용되는 내용을 담고 있다. 따라서 1심 소송절차는 제1편, 제2편, 그리고 제7편의 내용을 소송절차의 시간적 순서에 따라 설명하는 내용이 된다.

Ⅰ. 소장의 제출과 보정

가. 제소기간의 확인

제소기간의 확인은 소장의 제출단계의 문제라기보다는 최초

1) 1심 민사절차의 실무에 관한 개괄서로는 사법연수원, 민사절차론, 2008 참조.

사건을 수임할 때 반드시 확인하여야 하는 중요한 사항이다. 제소기간은 특히 행정소송사건을 수임할 때 주의 깊게 살펴보아야 하는 사항이다. 행정소송법은 취소소송의 경우 처분 등이 있음을 안 날로부터 90일 이내에, 그리고 처분이 있은 날로부터 1년 이내에 제기하여야 한다는 일반규정을 두고 있다(행정소송법 20조 1항 본문, 2항 본문). 그러나 개별 법률에서 제소기간을 행정소송법이 규정한 기간보다 짧게 규정한 경우가 있어 소송대리인은 각 사건의 유형에 따라 제소기간이 어떻게 되는지는 유념하여 검토하여야 한다. 예를 들어 부당해고구제신청에 대한 중앙노동위원회 재심판정의 취소를 구하는 사건의 제소기간은 재심판정서를 받은 날로부터 15일에 불과하다(근로기준법 31조 2항). 토지수용위원회의 재결에 대한 불복은 재결서를 받은 날로부터 60일 이내에 하여야 한다(공익사업을 위한 토지 등의 취득 및 보상에 관한 법률 85조 1항). 제소기간을 도과한 소제기는 각하된다.

한편, 사건이 행정소송의 제소기간을 도과하였다고 하더라도 곧바로 사법적 구제수단이 없다고 단정해서는 아니 된다. 예를 들어 부당해고를 다투는 중앙노동위원회 재심판정 취소소송이 제소기간 도과로 행정소송을 제기할 수 없더라도 민사소송절차로서 해고무효확인의 소가 가능하다는 점을 고려하여야 한다. 또 과세처분이 당연무효인 경우에는 해당 과세처분의 취소를 구하지 않고 곧바로 납부한 세금에 대하여 부당이득금반환을 구할 수 있기 때문에[1] 이러한 경우에는 예외적으로 과세처분의 취소를 구할 수 있는 제소기간이 도과한 때에도 사법적 구제수단이

1) 대법원 2008. 3. 27. 선고 2006다1633 판결.

있다고 볼 수 있다.

나. 관할의 선택

소장을 제출할 관할법원의 선택은 민사소송법이 정한 토지관할의 예에 따라 하면 된다. 다만, 개별 법률에서 정한 전속관할 규정이 있는 때에는 해당 관할 법원에 소장을 접수하여야 하므로 수임한 사건이 법률상 전속관할 규정이 적용되는 사건인지를 확인하여야 한다. 한편, 정형적인 계약서를 작성하면서 특정 법원을 관할로 합의한 경우가 있는데 이런 관할합의는 원칙적으로 유효하며 다만, 그것이 개별 법률에 의하여 무효가 되는 때[2]에는 합의관할과 다르게 민사소송법의 관할에 관한 규정에 따라 소장을 제출할 수 있다.

관할을 위반한 소제기는 관할권이 있는 법원으로 직권이송 되지만(민소 34조 1항), 이송의 기간이 오래 걸리는 경우가 있어서 실무상으론 소장을 반환받아 다시 적법한 관할법원에 제출하기도 한다.

다. 소장의 작성

민사소송규칙이 정하고 있는 법원에 제출하는 서면의 기재사항에는 다음과 같은 것들이 있다(민소규 2조).

① 사건의 표시 ② 서면을 제출하는 당사자와 대리인의 이름·주소와 연락처 (전화번호·팩시밀리번호 또는 전자우편주소 등)

2) 예를 들어, 약관의 규제에 관한 법률 14조 1호(고객에게 부당하게 불리한 소송 제기 금지 조항 또는 재판관할의 합의 조항).

③ 덧붙인 서류의 표시 ④ 작성한 날짜 ⑤ 법원의 표시

민사소송규칙이 정하고 있는 위와 같은 기재사항은 형식적 기재사항으로서 실제 소장의 구성은 다음과 같이 이뤄진다. 민사소송법은 소장에는 당사자와 법정대리인, 청구의 취지와 원인을 적어야 한다고 규정한다(민소 249조 1항).

① 표제 ② 당사자, 법정대리인, 소송대리인의 표시 ③ 사건명 ④ 청구취지 ⑤ 청구원인 ⑥ 부속서류의 표시 ⑦ 작성한 날짜 ⑧ 당사자, 법정대리인, 소송대리인의 성명과 날인 ⑨ 법원의 표시

소장은 간결한 문장으로 분명하게 작성하여야 하며 소장의 용지는 특별한 사유가 없는 한 가로 210㎜ · 세로 297㎜의 종이(A4 용지)를 세워서 쓴다(민소규 4조). 한편, 원고가 제출하는 소장의 용지는 테두리에 빨간색을 넣고, 피고의 용지는 파란색을 넣는 실무상의 관행이 있다. 원 · 피고가 제출하는 서류의 구분을 쉽게 하려는 취지다.

소장을 제출하기 전에는 소장에 인지대와 송달료를 납부한 영수증을 붙여야 한다. 인지대와 송달료는 은행의 인터넷뱅킹을 통해 납부할 수 있으며 프린터를 통해 곧바로 영수증을 출력할 수 있다. 인지의 액[3]과 관련하여 간혹 그 액수의 확정이 애매한 경우가 있는데 이럴 때는 최소의 액만 납부를 하고 이후 법원의 보정 명령이 있으면 그 가부를 검토한 뒤에 추가납부를 하는 예도 있다.

소장이 작성되면 법원에 이를 제출하게 되는데 피고의 숫자에 따라 부본도 함께 제출한다. 접수 담당 공무원은 당사자, 그 밖의 소송관계인이 제출하는 소장을 정당한 이유 없이 접수를 거부하여서는 아니 되며 소장을 접수한 공무원은 소송서류를 제출한 사람이 요청한 때에는 바로 접수증을 교부하여야 한다(민소규 5조 1항, 2항). 간혹 접수 담당 공무원 중에는 소장의 사소한 형식적 흠을 이유로 접수를 거부하는 예가 있는데 이는 법적인 근거가 없다. 법원사무관등은 접수된 소장의 보완을 위하여 필요한 사항을 지적하고 보정을 권고할 수 있을 뿐이다(민소규 5조 3항).

소장심사권은 재판장에게 있는데 재판장은 소장이 민사소송법의 규정에 어긋나는 경우에 상당한 기간을 정하여 흠을 보정하도록 명하여야 한다(민소 254조 1항).

---

3) 법원조직법에서 소송목적의 값에 따라 관할을 정하는 경우 그 값은 소로 주장하는 이익을 기준으로 계산하여 정한다. 이를 계산할 수 없는 경우 그 값은 민사소송등인지법의 규정에 따른다(민소 26조). 또, 하나의 소로 여러 개의 청구를 하는 경우에는 그 여러 청구의 값을 모두 합하여 소송목적의 값을 정하고 과실(果實)·손해배상·위약금(違約金) 또는 비용의 청구가 소송의 부대목적(附帶目的)이 되는 경우에는 그 값은 소송목적의 값에 넣지 아니한다(민소 27조).

라. 소장의 보정

소장 보정은 소장의 형식적 기재사항 중 누락이 있는 때, 인지의 액이 부족한 때, 소장에서 언급하는 별지목록이 제대로 첨부되어 있지 아니한 때 등 여러 가지 경우에 이뤄진다. 한편, 재판장은 소장을 심사하면서 필요하다고 인정하는 경우에는 원고에게 청구하는 이유에 대응하는 증거방법을 구체적으로 적어 내도록 명할 수 있으며, 원고가 소장에서 인용한 서증의 등본 또는 사본을 붙이지 아니한 경우에는 이를 제출하도록 명할 수 있다(민소 254조 4항).

법원의 보정 요구 중 간혹 업무상 실수로 적법하지 않은 요구가 있기도 하므로 보정명령이나 요구가 있으면 해당 내용을 일단 검토하고 만일 보정을 요구하는 사항이 법령이 정한 것과 다르면 이를 법원에 알려 보정명령 등이 취소될 수 있게 하여야 한다.

재판장의 정당한 소장 보정명령에 응하지 않으면 소장이 각하된다(민소 254조 2항).

소 장

청 구 취 지

원 고 ○ ○ ○ (주민등록번호)

서울 중랑구 면목동 123

(전화 000-000, 팩스 000-000)

피 고 행정자치부장관

해임처분취소 청구의 소

소 가	20,000,100원
첩부할 인지액	95,000원 (소가×0.0045+5,000원)
송달료	60,400원 (3,020원×10회×당사자수)

1. 피고가 200○. ○○. ○○. 원고에 대하여 한 해임처분을 취소한다.
2. 소송비용은 피고의 부담으로 한다. 라는 판결을 구합니다.

청 구 원 인

(원고가 피고를 상대로 위 청구취지와 같은 청구를 하게 된 원인을 구체적으로 기재)

입 증 방 법

1. 갑 제1호증 해임의결서

첨 부 서 류

1. 위 각 입증방법 각 1부.
1. 송달료 납부서 1부.
1. 소장 부본 1부.

200○. . .

위 원고 ○ ○ ○ (서명 또는 날인)

○○법원 귀중

【그림 22)】 소장(해임처분취소)[4)]

4) 대법원 홈페이지(www.scourt.go.kr) 게시자료 참조(2010. 8. 12. 방문).

Ⅱ. 답변서의 제출

가. 답변서의 형식

법원은 소장의 부본을 피고에게 송달하여야 하는데(민소 255조 1항), 피고가 원고의 청구를 다투는 경우에는 소장의 부본을 송달받은 날로부터 30일 이내에 답변서를 제출하여야 한다(민소 256조 1항). 이때 법원은 소장의 부본을 송달하면서 피고에게 답변서의 제출에 관한 사항을 알린다(민소 256조 2항). 답변서의 부본은 원고에게 송달되므로 원고의 수를 고려하여 부본도 제출하여야 한다. 답변서에는 준비서면에 관한 규정이 준용되므로(민소 256조 4항) 답변서에는 아래의 사항을 적고 당사자 또는 소송대리인이 기명날인 또는 서명한다(민소 274조 1항 각 호).

① 당사자의 성명·명칭 또는 상호와 주소
② 대리인의 성명과 주소
③ 사건의 표시
④ 공격 또는 방어의 방법
⑤ 상대방의 청구와 공격 또는 방어의 방법에 대한 진술
⑥ 덧붙인 서류의 표시
⑦ 작성한 날짜
⑧ 법원의 표시

나. 답변서에서의 주장

답변서는 원고의 청구에 대한 피고의 입장을 명시적으로 표시하는 최초의 서면이기 때문에 향후 소송의 진행 방향을 등을 고려하여 체계적이고 일관되게 작성하여야 한다. 답변서에서 주장한 내용이 이후 준비서면에서 주장하는 내용과 모순되거나 사실관계가 달라지면 그 만큼 주장의 신빙성이 떨어지기 때문이다. 사건의 의뢰가 늦어지는 등의 사정으로 답변서 제출기일까지 미처 사실관계를 상세하게 파악하지 못하였다면 먼저 원고의 주장을 부인하고 이후 준비서면에서 자세한 주장을 펼치겠다는 취지를 기재하여 재판부의 양해를 얻고 신속하게 준비서면을 작성하여 제출하는 것이 실수를 방지할 수 있는 방법이다.

답변서 작성에서 가장 분명히 하여야 할 사항은 원고 주장은 부인하는 내용과 인정하는 내용을 명확히 나누어 주는 것이다. 실무상으로 인정할 수 있는 내용을 특정하고 원고의 나머지 주장은 모두 부인한다는 취지를 기재한다. 이렇게 되면 인정하는 사실관계는 다툼이 없는 것으로 처리된다. 그런데 실제 소송을 해보면 많은 경우 사실관계에 관한 당사자의 주장이 극과 극으로 상이하기 때문에 원고의 주장을 인정할 여지는 별로 없다.

한편, 원고의 주장사실을 잘 검토해보면 원 · 피고 당사자간에 있었던 내용을 다루는 것도 있지만 의외로 피고가 알 수 없는 원고와 제3자 혹은 제3자간의 사실관계를 다루는 경우도 많다. 이럴 때는 해당 사실관계는 피고가 알 수 없는 내용이라는 '부지'의 진술을 명확하게 하여야 한다.

피고가 부인 혹은 부지하는 사실에 대해서는 원고가 입증책임을 부담하기 때문에 이후 원고의 입증방식이나 정도를 고려하면서 반증을 하거나 적절한 반박을 하면 된다.

답 변 서

사건번호 20 가 [담당재판부 : 제 (단독)부]
원 고 (이름)
(주소)
피 고 (이름) (주민등록번호 -)
(주소) (연락처)

위 사건에 관하여 피고는 다음과 같이 답변합니다.

청구취지에 대한 답변

1. 원고의 청구를 기각한다.
2. 소송비용은 원고가 부담한다.

청구원인에 대한 답변

1.
2.
3.

20 . . .

피고 (날인 또는 서명)

○○지방법원 귀중

◇ 유의사항 ◇

1. 연락처란에는 언제든지 연락 가능한 전화번호나 휴대전화번호를 기재하고, 그 밖에 팩스번호, 이메일 주소 등이 있으면 함께 기재하기 바랍니다.
2. 답변서에는 청구의 취지와 원인에 대한 구체적인 진술을 적어야 하고 상대방 수만큼의 부본을 첨부하여야 합니다.
3. 「청구의 취지에 대한 답변」에는 원고의 청구에 응할 수 있는지 여부를 분명히 밝혀야 하며, 「청구의 원인에 대한 답변」에는 원고가 소장에서 주장하는 사실을 인정하는지 여부를 개별적으로 밝히고, 인정하지 아니하는 사실에 관하여는 그 사유를 개별적으로 적어야 합니다.
4. 답변서에는 자신의 주장을 증명하기 위한 증거방법에 관한 의견을 함께 적어야 하며, 답변사항에 관한 중요한 서증이나 답변서에서 인용한 문서의 사본 등을 붙여야 합니다.

【그림 23】 답변서[5)]

Ⅲ. 변론준비절차의 준비[6)]

가. 변론준비기일의 지정

현행 민사소송법은 원칙적으로 변론기일을 지정하고, 예외적으로 변론준비절차의 지정이 필요한 때에 한정하여 준비절차를 먼저 지정할 수 있다고 규정하고 있다(민소 258조). 그러나 사건의 쟁점을 정리하는 준비절차를 변론기일에 앞서 여는 것은 당사자에게도 주장・입증의 포인트를 정확하게 알려주는 기능을

5) 대법원 홈페이지(www.scourt.go.kr) 게시자료 참조(2010. 8. 12. 방문).
6) 구술변론에 관한 개설서로는 사법연수원, 민사소송의 구조와 구술변론의 기법, 2008 참조.

수행하기 때문에 사건이 접수된 이후 변론기일을 먼저 열지, 아니면 준비절차를 거칠 지는 사건의 성격과 당사자의 주장·입증의 정도를 고려하여 유연하게 결정하는 것이 좋다.

변론준비절차에서는 변론이 효율적이고 집중적으로 실시될 수 있도록 당사자의 주장과 증거를 정리하여야 한다(민소 279조 1항). 재판장은 특별한 사정이 있는 때에는 변론기일을 연 뒤에도 사건을 변론준비절차에 부칠 수 있다. 예를 들어, 변론 중 복잡한 쟁점을 가진 새로운 공격·방어 방법이 제출된 때에는 변론준비절차에서 해당 내용을 정리하여 소송이 산만하게 전개되는 것을 예방할 수 있다.

변론준비절차는 기간을 정하여 지정을 통보하는데, 당사자는 준비서면, 그 밖의 서류를 제출하고 이를 당사자 사이에 교환하기도 한다. 그리고 앞서 살핀 것처럼 입증에 필요한 각종 증거신청을 한다(민소 280조 1항). 만일 사건이 변론준비절차에 부쳐진 뒤 변론준비기일이 지정됨이 없이 4월이 지난 때에는 재판장등은 즉시 변론준비기일을 지정하거나 변론준비절차를 끝내야 한다(민소 282조 2항). 그러나 소송대리인은 신속한 변론의 진행이 필요하다면 준비기일의 지정을 촉구하는 신청서를 제출하여야 한다.

변론준비절차는 재판장이 담당하는데 합의사건의 경우 재판장은 합의부원을 수명법관으로 지정하여 변론준비절차를 담당하게 할 수 있다(민소 280조 2항, 3항). 재판장은 필요하다고 인정하면 절차의 진행을 다른 판사에게 촉탁할 수도 있으나 매우 드물다(민소 280조 4항).

나. 변론준비절차에서의 활동

변론준비절차를 진행하는 재판장등은 변론의 준비를 위하여 필요하다고 인정되면 증거결정을 할 수 있다(민소 281조 1항). 또 효율적이고 집중적인 변론의 실시를 위하여 필요한 범위 안에서 증거조사를 할 수 있다. 다만, 증인신문과 당사자신문은 변론기일에 하는 것이 원칙이고 증인이 정당한 사유로 수소법원에 출석할 수 없거나 출석에 지나치게 많은 비용이 드는 등 상당한 이유가 있는 경우에 한하여 준비절차에서 신문을 할 수도 있다(민소 281조 3항, 313조). 예를 들어, 소 제기 이후 중요한 증인이 해외이민 등으로 변론절차에서 증언할 수 없을 때는 신속하게 준비절차의 지정과 증인신문이 필요한 사정을 소명하여 증거를 확보하는 민첩함이 필요하다.

변론준비절차를 진행하는 동안에 주장 및 증거를 정리하기 위하여 필요하다고 인정하는 때에는 변론준비기일을 열어 당사자를 출석하게 할 수 있는데(민소 282조 1항). 당사자의 출석이 재판부를 설득하는데 도움이 된다고 판단되면 준비절차에 당사자를 동행하고 참여하는 것도 좋은 방법이다. 당사자는 재판장등의 허가를 얻어 변론준비기일에 제3자와 함께 출석할 수 있는데(민소 282조 3항) 보통은 제3자와 준비기일에 동행을 한 후 현장에서 허가를 얻어 출석을 한다. 변론준비기일이 끝나면 변론의 준비에 필요한 주장과 증거를 정리하여 제출하는데(민소 282조 4항) 준비절차에서 정리한 내용이 생생할 때 신속하게 필요한 증거신청 등을 하는 것이 소송의 진행에 무리가 가지 않는 방법이다. 재판장등은 변론준비기일이 끝날 때까지 변론의 준비를 위한 모든 처분을 할 수도 있다(민소 282 4항). 변론준비기일에 대해서는 변론준비기일의 조서를 작성하는데 여기에는 당사자의 진술 중 특히 공격 또는 방어의 방법, 상대방의 청구와 공격 또는 방어의 방법에 대한 진술이 기재되므로(민소 283조 1항) 준비기일에서의 진술은 이 점을 명확하게 하여야 한다. 준비기일에서 쟁점이 명확하게 정리가 되면 준비기일을 종료하고 변론기일을 지정하는데 그 외에도 사건을 변론준비기일에 부친 뒤 6개월이 지난 때, 당사자가 재판장등이 지정한 기간 내에 준비서면등을 제출하지 아니하거나 증거의 신청을 하지 아니한 때, 당사자가 변론준비기일에 출석하지 않은 때에도 준비기일이 종료되면 변론기일을 지정한다(민소 284조).

다. 변론준비기일 종결의 효과

변론준비기일에 제출하지 아니한 공격방어방법은 원칙적으로 변론기일에 제출할 수 없다. 다만, 그 제출로 인하여 소송이 현저히 지체되지 않거나, 중대한 과실없이 변론준비절차에서 제출하지 못한 것을 소명하거나, 그것이 법원의 직권조사사항일 때에는 예외적으로 변론기일에서의 제출이 가능하다(민소 285조 1항). 그러나 소송의 지연 등은 사실상 재판장이 전적으로 결정하기 때문에 실제 적용에 있어서는 유연성이 있다. 한편, 소장 또는 변론준비절차전에 제출한 준비서면에 적힌 사항은 변론준비절차에서 이를 철회하거나 변경하지 않았다면 변론준비기일에 이에 해당하는 공격방어방법을 제출하지 못하였다고 하더라도 변론에서 주장할 수 있다(민소 285조 3항). 변론준비기일을 마친 뒤의 변론기일에서는 변론준비기일의 결과를 진술하여야 한다(민소 287조 2항). 결과를 진술하지 않으면 준비기일의 활동이 소송자료가 되지 못한다.

변론기일에는 변론준비절차에서 정리된 결과에 따라서 바로 증거조사를 하며(민소 287조 3항) 변론준비절차를 마친 사건은 첫 변론기일을 거친 뒤 바로 변론을 종결하도록 하고 있기 때문에(민소 287조 1항) 소송대리인은 사전에 주장의 입증을 위해서 충분하고 신속한 준비를 하여야 한다.

Ⅳ. 변론기일의 활동

가. 변론기일 활동의 개요

당사자는 소송에 대하여 법원에서 변론을 하여야 한다(민소 134조 1항). 변론은 서면으로 준비한다. 단독사건은 서면으로 하지 않을 수 있다고 규정하지만(민소 272조 2항 본문), 실무적으로 그런 예는 거의 없다. 변론은 재판장이 지휘를 하는데 재판장은 발언을 허가하거나 그의 명령에 따르지 아니하는 사람의 발언을 금지할 수 있다(민소 135조). 변론의 지휘에 관한 재판장의 명령에 대해서는 이의를 신청할 수 있으며 법원은 결정으로 그 이의신청에 대하여 재판한다(민소 138조). 만일 당사자가 소송절차에 관한 규정에 어긋나는 소송지휘를 알거나 알고 있었을 경우에 바로 이의를 제기하지 아니하면 이의권을 상실한다(민소 151조 본문). 따라서 이의신청은 타이밍을 잘 맞추어야 하는데 소송절차의 진행에 관한 전문적인 식견과 경험이 충분하지 않으면 효과적인 이의권 행사가 어렵다.

재판장은 소송관계를 분명하게 하기 위하여 당사자에게 사실상 또는 법률상 사항에 대하여 질문할 수 있고, 증명을 하도록 촉구할 수 있다(민소 136조 1항). 따라서 소송대리인은 사건의 전체를 장악하여 재판장의 질문에 신속하고 명확하게 답변을 할 수 있는 준비를 하여야 한다. 소송대리인의 입장에서는 재판장에게 상대방에게 대하여 설명을 요구하여 줄 것을 요청하는 것이 중요하다(민소 136조 3항). 소송의 당사자는 보통 자신에게 불리한 사실을 숨기기 마련이고 때로는 사실관계를 모호하게 진술하여 소송의 방향을 자신에게 유리하게 이끌려고 시도한다. 따라서 상대방은 이런 점을 지적하며 소송상 쟁점이 될 수 있는 사항, 사실관계나 주장이 제대로 정리가 되지 않은 사항은 적극적으로 석명을 구하는 조치를 취할 필요가 있다. 한편, 법원도 당사자가 간과하였음이 분명하다고 인정되는 법률상 사항에 관하여 당사자에게 의견을 진술할 기회를 주어야 한다(민소 136조 4항). 재판장의 스타일에 따라서는 주도적으로 사건의 쟁점을 정리하여 당사자에게 주장 및 입증을 명령하면서(민소 137조) 당사자 본인 또는 그 법정대리인에게 출석하도록 명령하거나 소송서류 또는 소송에 인용한 문서, 그 밖의 물건으로서 당사자가 가지고 있는 것을 제출하게 하거나 당사자 또는 제3자가 제출한 문서, 그 밖의 물건을 법원에 유치시키고, 검증을 하고 감정을 명하며 기타 필요한 조사의 촉탁을 명령하기도 한다(민소 140조 1항 각 호).

법원은 소송관계를 분명히 하기 위하여 필요한 진술을 할 수 없는 당사자 또는 대리인의 진술을 금지하고, 변론을 계속할 새 기일을 정할 수 있다(민소 144조 1항). 대리인의 진술을 금지한 때에는 본인에게 그 취지를 통지하여야 한다(민소 144조 3항).

법원은 변론의 제한·분리 또는 병합을 명하거나, 그 명령을 취소할 수 있는데(민소 141조) 소송대리인은 사건의 유형이나 소송경제 등을 위하여 위와 같은 조치를 하여 달라는 적극적인 신청을 하여야 한다. 변론에 참여하는 사람이 우리말을 하지 못하거나, 듣거나 말하는 데 장애가 있으면 통역인에게 통역하게 하여야 한다(민소 143조 1항 본문). 통역인은 보통 법원이 섭외를 하는데 이것이 여의치 못하면 법원의 허가를 받아 당사자가 대동할 수도 있다.

준비절차를 거친 경우에는 변론준비절차에서의 결과를 변론에 상정하고 이후 증거조사를 한 후 변론이 종결되며, 준비절차를 거치지 않은 때에는 변론절차에서 쟁점을 정리하고 증거신청을 하며 이에 따른 증거조사 후 변론절차를 종결한다.

한편, 법원은 소송의 정도와 관계없이 화해를 권고하거나, 수명법관 또는 수탁판사로 하여금 권고하게 할 수 있다(민소 145조 1항) 또, 법원은 소송에 계속 중인 사건에 대하여 직권으로 당사자의 이익, 그 밖의 모든 사정을 참작하여 청구의 취지에 어긋나지 아니하는 범위 안에서 사건의 공평한 해결을 위한 화해권고결정을 할 수 있다. 이 때 법원은 결정내용을 적은 조서 또는 결정서의 정본을 당사자에 송달하는데(민소 225조 1항, 2항). 조서 또는 결정서의 정본을 송달받은 당사자가 결정에 불복하고자 할 때는 이를 송달받은 날로부터 2주 이내에 이의를 신청하여야 한다(226조 1항). 이의신청을 하지 않으면 재판상 화해와 동일한 효력이 있다(민소 231조). 이의신청을 하면 소송은 화해권고결정 이전의 상태로 돌아가며 그 이전에 행한 소송행위는 그대로 효력을 가진다(민소 232조 1항).

변론기일의 소송행위나 소송지휘에 관한 내용은 변론조서에 그 내용을 기록하는데(민소 152조) 주로 화해, 청구의 포기·인락, 소의 취하와 자백, 재판장이 적도록 명한 사항과 당사자의 청구에 따라 적는 것을 허락한 사항을 적는다(민소 154조 각 호 참고). 변론조서는 변론기일에 참여한 법원사무관 등이 재판장의 설명에 따라 그 취지를 적고 작성하며 보통은 법정에서 재판장의 지시내용을 적는다. 변론방식에 관한 규정이 지켜졌다는 것은 조서로만 증명할 수 있기 때문에(민소 158조 본문) 변론조서에 무엇을 어떻게 적는가는 매우 중요하다. 따라서 소송대리인은 조서기재내용에 관심을 갖고 만일 실제 진행과 달리 불리하게 조서의 기재가 있으면 곧바로 이의신청을 하여 이를 바로잡아야 한다. 이의가 받아들여지지 않더라도 적어도 이의를 제기한 사실은 기재가 된다(민소 164조).

나. 준비서면의 구성과 효과

당사자의 주장사실과 입증의 요지 등을 기록한 서면이 준비서면인데 준비서면은 상대방이 그 기재내용을 읽고 대응하는 데 필요한 기간을 두고 제출하여야 하며 상대방의 수를 고려한 부본도 함께 제출하여야 한다(민소 273). 간혹 변론기일에 즈음하여 준비서면의 부본영수도 없이 서면을 제출하는 소송대리인이 있는데 이에 대해서는 법원이 민사소송법 위반임을 정식으로 고지하고 상대방의 의견을 참고하여 변론기일을 다시 지정하는 등의 적극적 개입을 할 필요가 있다.

준비서면에는 다음 사항을 적고 당사자 또는 대리인이 기명날인 또는 서명한다.

① 당사자의 성명·명칭 또는 상호와 주소
② 대리인의 성명과 주소
③ 사건의 표시
④ 공격 또는 방어의 방법
⑤ 상대방의 청구와 공격 또는 방어의 방법에 대한 진술
⑥ 덧붙인 서류의 표시
⑦ 작성한 날짜
⑧ 법원의 표시

당사자가 가지고 있는 문서로서 준비서면에 인용한 것은 그 등본 또는 사본을 붙여야 한다(민소 275조 1항). 문서의 일부가 필요한 때에는 그 부분에 대한 초본을 붙이고, 문서가 많을 때에는 그 문서를 표시하여야 한다(민소 275조 2항). 준비서면에 붙인 문서가 원본이 아닐 때 상대방은 원본의 제시를 요구할 수 있다(민소 275조 3항).

준비서면에 적지 아니한 사실은 상대방이 출석하지 아니한 때에는 변론에서 주장하지 못한다(민소 276조 본문). 외국어로 작성된 문서에는 번역문을 붙여야 한다(민소 277조).

재판장은 당사자의 공격방어방법의 요지를 파악하기 어렵다고 판단되면 변론을 종결하기에 앞서 당사자에게 쟁점과 증거의 정리 결과를 요약한 준비서면을 제출하도록 할 수 있다(민소 278조).

준 비 서 면

사건번호 20 가 [담당재판부 : 제 (단독)부]
원 고
피 고

위 당사자 사이의 위 사건에 관하여 원고는 다음과 같이 변론을 준비합니다.

다 음

1.
2.
3.

입증방법

1.
1.

20 . . .
원고 (날인 또는 서명)

○○지방법원 귀중

◇유의사항◇

연락처란에는 언제든지 연락 가능한 전화번호나 휴대전화번호를 기재하고, 그 밖에 팩스번호, 이메일 주소 등이 있으면 함께 기재하시고, 상대방 수만큼의 부본을 첨부하여야 합니다.

【그림 24】 준비서면[7)]

V. 입증활동

변론기일에서 하는 활동은 주요사실에 관한 주장을 하고 이를 뒷받침하는 입증을 하는 것이다. 이에 관해서는 앞의 입증활동에서 설명하였으므로 그곳의 내용을 참조하면 된다.

공격 또는 방어방법은 소송의 정도에 따라 적절한 시기에 제출하여야 하는데(민소 146조) 재판장은 당사자의 의견을 들어 한쪽 또는 양쪽 당사자에게 특정한 사항에 관하여 주장을 제출하거나 증거를 신청할 기간을 정할 수 있다. 만일 당사자가 정당한 사유없이 지정한 기간 내에 주장을 제출하거나 증거를 신청하지 아니하면 이를 받아들이지 않을 수 있다(민소 147조). 당사자가 고의 또는 중대한 과실로 공격 또는 방어방법을 뒤늦게 제출함으로써 소송의 완결을 지연시키면 법원은 직권으로 또는 상대방의 신청에 따라 결정으로 이를 각하할 수 있고(민소 149조 1항), 제출한 공격 또는 방어방법의 취지가 분명하지 아니한 경우에, 당사자가 필요한 설명을 하지 아니하거나 설명할

7) 대법원 홈페이지(www.scourt.go.kr) 게시자료 참조(2010. 8. 16. 방문).

기일에 출석하지 아니한 때에도 결정으로 이를 각하할 수 있기 때문에 소송대리인은 상대방이 소송지연책으로 위와 같은 행위를 할 때는 즉시 각하를 하여야 한다는 촉구를 할 필요가 있다.

Ⅵ. 판결의 선고

법원은 소송의 심리를 마치고 나면 종국판결을 한다(민소 198조). 종국판결은 상소를 제기할 수 있는 기간이 도과하거나 상소권을 포기하면 확정된다(민소 498조). 종국판결의 선고기간은 소가 제기된 날로부터 5월 이내로 하되 항소심 및 상고심에서는 기록을 받은 날로부터 5월 이내에 종국판결을 선고한다(민소 199조). 판결은 기본이 되는 변론에 관여한 법관이 하여야 하며, 법관이 바뀐 경우에는 당사자는 종전의 변론결과를 진술한다(민소 204조 1항, 2항). 판결은 선고로 효력이 발생하는데(민소 205조) 재판장이 판결원본에 따라 주문을 읽어 선고하며, 필요한 때에는 이유를 간략히 설명할 수 있다(민소 206조). 판결은 변론이 종결된 날부터 2주 이내에 선고하여야 하며, 복잡한 사건이나 그 밖의 특별한 사정이 있는 때에도 변론이 종결한 날부터 4주를 넘겨서는 아니된다(민소 207조 1항, 2항). 판결은 당사자가 출석하지 아니하여도 선고할 수 있다(민소 207조 3항). 판결서에는 당사자와 법정대리인, 주문, 청구의 취지 및 상소의 취지, 이유, 변론을 종결한 날짜, 법원 등을 적고 판결한 법관이 서명날인한다(민소 208조). 판결서는 선고한 뒤에 바로 법원사무관등에게 전달하는데(민소 209조) 법원사무관등은 판결서를 받은 날부터 2주 이내에 당사자에게 송달하여야 한다(민소 210

조). 판결서에 잘못된 계산이나 기재, 그 밖에 이와 비슷한 잘못이 있음이 분명한 때에는 경정신청을 하여야 하는데(민소 211조 1항) 경정결정은 판결의 원본과 정본에 덧붙여 적는다(민소 211조 2항).

서 울 중 앙 지 방 법 원
제 OO 민 사 부
판 결

사 건 2009가합1234 대여금
원 고 나채권(700410-1234567)
서울 서초구 서초동 300
소송대리인 변호사 김승소
피 고 나채무(750410-1234567)
강원 춘천 석사동 호반아파트 102-101
변 론 종 결 2010. 7. 20.
판 결 선 고 2010. 8. 3.

주 문

1. 피고는 원고에 돈 15,000,000원 및 이에 대한 2010. 3. 3. 부터 다 갚는 날까지 연 20%의 비율에 의한 돈을 지급하라.
2. 원고의 나머지 청구를 기각한다.
3. 소송비용은 각자의 부담으로 한다.
4. 제1항은 가집행할 수 있다.

청 구 취 지

피고는 원고에게 금 30,000,000원 및 이 사건 소장 부본 송달일 다음날부터 연 20%의 비율에 의한 금원을 지급하라.

이 유

1. 인정사실

2. 판단

3. 결론

재판장	판사 여공정	(서명)	(인)
	판사 남형평	(서명)	(인)
	판사 갈정의	(서명)	(인)

【그림 25】 판결서

제 3 장

소송활동과 법률정보조사의 실제

제3장에서는 모의 소송기록을 통해서 소송활동과정에서 필요한 법률정보의 수집과 제출에 관한 내용을 다룬다. 앞서 배운 법률정보조사의 이론이 소송에서 어떻게 구현되는지를 정확하게 살펴보는 것이 중요한데 특히 각 소송행위에서 사용되는 증거의 유형과 소송대리인 변호사의 입증취지가 무엇인지에 주의를 집중할 필요가 있다.

Ⅰ. 소장의 제출

소 장[8]

원고 김 준 서(721006-1234567)
춘천시 석사동 소나타아파트 103동 1301호
연락처: 033-123-1234, 이메일: mim@dan.com[9]

피고 재단법인 기독교 한국예수회유지재단
서울 서초구 서초동 123
대표자 이사장 김 염 광[10]

소유권이전등기절차 이행의 소[11]

청 구 취 지

1. 피고는 원고에게 별지목록 기재 부동산에 관하여 2010. 1. 6. 자 매매를 원인으로 한 소유권이전등기절차를 이행하라.[12]
2. 소송비용은 피고의 부담으로 한다.

라는 재판을 구합니다.

청 구 원 인

1. 매매계약의 경위

원고는 2010. 1. 6. 피고 재단법인 기독교 한국예수회유지재단(이하 '피고 유지재단'이라고 합니다)과 피고 유지재단의 소속된 목사인 지윤결을 피고 유지재단의 대리인으로 하여 별지목록 기재 부동산에 관하여 매매대금을 180,000,000원으로 한 매매계약을 체결하였습니다.

매매대금 중 계약금 18,000,000원은 계약당일 지급하였고, 중도금 100,000,000원은 피고 유지재단이 춘천 신한은행에 대하여 부담하는 대출금채무를 원고가 면책적으로 인수하는 것으로 지급하기로 하였고, 잔금 62,000,000원은 2010. 2. 6. 지급하기로 약정하고, 잔금 지급시 피고 유지재단은 소유권이전에 필요한 서류를 원고에게 교부하기로 하였습니다.[13]

2. 피고 유지재단의 채무불이행

원고는 잔금 지급기일인 2010. 2. 6. 위 지윤결에게 잔금 62,000,000원을 지급하였으나 지윤결은 정당한 이유없이 잔금의 수령을 거부하면서 현재까지 소유권이전등기에 필요한 서류도 교부하지 않고 있습니다.

이에 원고는 청구취지와 같은 판결을 받고자 본 청구에 이르렀습니다.

입 증 방 법[14]

1. 갑제1호증　　　　부동산등기부등본
2. 갑제2호증　　　　매매계약서
3. 갑제3호증　　　　최고서
4. 갑제4호증　　　　확인서
5. 갑제5호증　　　　확인서(지윤결)

첨부서류[15]

1. 소장 부본　　　　1부
2. 위 각 서증　　　　각 1부

3. 토지대장등본	1부
4. 건축물대장등본	1부
5. 공지지가확인원	1부
6. 법인등기부 등본	1부

2010. 3. 8.[16]

원고 김 준 서 (인)

춘 천 지 방 법 원 귀중[17]

---

8) 소송서류의 용지는 특별한 사유가 없는 한 가로 210㎜, 세로 297㎜의 종이(A4 용지)를 쓴다(민소규 4조 2항).

9) 당사자의 표시항목에는 성명, 주민등록번호, 주소, 연락처 등을 기재한다.

10) 단체를 상대로 한 소송은 단체의 명칭과 단체의 주소를 기재한 후 대표자의 성명을 기재한다.

11) 사건의 명칭은 소를 제기한 당사자가 정하여 기재하며, 사건명은 이후 변경되지 않는다.

12) 청구취지는 법정되어 있지 않으나 대부분의 소송에서 관용되는 형태가 기재례로 정착되어 있어 이를 참고할 필요가 있다. 다만, 새로운 형태의 청구취지가 필요할 때는 기판력의 효력범위와 집행을 위한 특정의 정도 등을 고려하여 섬세하게 구성하여야 한다.

13) 이 사건에서는 대리권의 수여, 대리인의 명의로 매매계약이 체결된 사실이 소유권이전등기청구에서 있어 주요사실이 된다.

14) 원고는 입증방법으로 서증을 제출하고 있는데 원고가 제출하는 서증은 갑제O호증이라고 표시한다. 각 서증에 대하여 피고는 어떤 서증의 인부를 하여야 할까?

15) 첨부서류 중 토지대장, 건축물대장, 공시지가확인원은 부동산등기부등본과 아울러 소송인지액을 확정하는데 사용하여, 법인등기부등본은 단체인 피고의 실체를 확인하는데 사용한다.

16) 보통은 소장의 제출날짜를 특정하지 않고 연월만을 기재하며 일은 접수인을 찍으면서 특정된다.

17) 이 사건의 관할법원은 부동산 소재지인 춘천지방법원이다(민소 20조).

18) 부동산 목록의 내용은 대부분 부동산등기부등본의 표제란의 기재사항

부 동 산 목 록[18)]

<부동산의 표시> 춘천시 효자동 123
대 $244.6m^2$

위 지상
철근콘크리트로 슬래브 지붕

지층 : $121.86m^2$ 대중음식점
1층 : $123.30m^2$ 소매점
2층 : $121.86m^2$ 사무실
3층 : $121.86m^2$ 주택 끝.

을 참조하여 작성한다. 한편, 부동산의 특정이 비교적 간단한 때에는 해당 내용을 청구취지에 넣어서 기재하기도 한다.

갑제1호증의 1[19]

등기부 등본 (말소사항 포함) - 건물

【 표 제 부 】(건물의 표시)				
표시번호	접 수	소재지번 및 건물번호	건물내역	등기원인 및 기타사항
~~1 (전 1)~~	~~1992 년9월 16일~~	~~강원도 춘천시 효자동 123~~	~~철근콘크리트조슬래브지붕~~ ~~3층~~ ~~소매점 및~~ ~~사무실주택및대중음식점~~ ~~1층(소매점)123.30㎡~~ ~~2층(사무실)121.86㎡~~ ~~3층(주택)121.86㎡~~ ~~지하(대중음식점)121.86㎡~~	부동산등기법 제177조의 6 제1항의 규정에 의하여 1999년 06월 24일 전산이기
2	2001 년12 월14 일	강원도 춘천시 효자동 123	철근콘크리트조슬래브지붕 3층 소매점 및 사무실주택및대중음식점 및 근린생활시설 1층(소매점)123.30㎡ 2층(사무실)121.86㎡ 3층(주택)121.86㎡ 지하(대중음식점)121.86㎡	증축

19) 이 사건의 등기부등본은 토지와 건물의 것이 모두 제출되어서 증거번호에 가지번호를 붙여 건물은 갑제1호증의 1로 하고, 토지는 갑제1호증의 2로 표시했다. 한편, 이 사건의 등기부등본은 학습의 편의상 실제 등기부등본의 것보다 대폭 간소하게 정리하였다.

【 갑 구 】 (소유권에 관한 사항)				
순위번호	등기목적	접 수	등 기 원 인	권리자 및 기타사항
1 (전1)	소유권보존	1992년 9월16일 제224호		소유자 강지수 431201-2234567 춘천시 효자동 123
~~2 (전11)~~	~~가압류~~	~~2003년 10월30일 제342호~~	~~2003년10월28일 춘천지방법원 원주지원의가압류 결정(2003카단2720)~~	~~청구금액 금 10,871,956원 채권자 한국보증보험주식회사~~
~~3 (전17)~~	~~가압류~~	~~2004년 7월14일 제221호~~	~~2004년7월14일 춘천지방법원의가압류 결정(2004카단2409)~~	~~청구금액 금 26,099,726원 채권자 춘천신용협동조합~~
~~4 (전18)~~	~~가압류~~	~~2004년 8월8일 제262호~~	~~2004년8월8일 춘천지방법원의가압류 결정(2004카단2800)~~	~~청구금액 금 3,044,978원 채권자 수산업협동조합중앙회~~
~~5 (전19)~~	~~가압류~~	~~2004년 10월10일 제333호~~	~~2004년10월10일 춘천지방법법원의가압류 결정(2004카단3726)~~	~~청구금액 금 22,000,000원 채권자 대한보증보험주식회사~~
6	~~가압류~~	~~2005년5월21일~~	~~2005년5월21일~~	~~청구금액 금 3,250,000원~~
~~(전24)~~		~~제167호~~	~~춘천지방법원의가압류 결정(2005카단4169)~~	~~채권자 수산업협동조합중앙회~~
~~7 (전25)~~	~~가압류~~	~~2005년5월28일 제175호~~	~~2005년5월28일 춘천지방 법원의가압류 결정(2005카단4562)~~	~~청구금액 금 20,000,000원 채권자 만천새마을금고~~
~~8 (전26)~~	~~가압류~~	~~2006년3월15일 제103호~~	~~2006년3월15일 춘천지방법원의가압류 결정(2006카단2042)~~	~~청구금액 금 46,500,000원 채권자 홍길동~~

~~9 (전 27)~~	~~임의경매신청~~	~~2006년3월18일 제110호~~	~~2006년3월11일 춘천지방 법원의가압류 결정(2006타경4500)~~	~~신청인 주식회사 춘천상호신용금고~~
~~10~~	~~압류~~	~~2006년7월16일 제291호~~	~~2006월15일 압류(환경 67000-1698)~~	~~권리자 춘천사~~
~~11~~	~~강제경매신청~~	~~2007년 3월14일~~	~~2007년3월13일~~	~~채권자 서울보증보험주식회사~~
		~~제86호~~	~~춘천지방법원의 강제경매개시결정 (2007타경4285)~~	
12	7번 가압류등기말소	2007년 4월11일 제120호	2007년4월6일 해제	
13	소유권이전	2007년 9월29일 제302호	2007년9월1일 임의경매로 인한 낙찰	소유자 주식회사 춘천상호신용금고
14	2번 가압류, 3번 가압류, 4번 가압류, 5번 가압류, 6번 가압류, 8번 가압	2007년9월29일 제302호	2007년9월1일 임의경매로 인한 낙찰[20]	

	류, 9번 임의경매신청, 10번 압류, 11번 강제경매신청 등기말소			
15	소유권이전	2008년 12월14일 제487호	2008년9월28일 매매	소유자 재단법인 한국예수회 유지재단

20) 부동산에 경매가 이뤄지면 그 이전의 가압류 등기는 모두 말소된다. 등기를 말소할 때에는 말소의 등기를 한 후 말소할 등기를 붉은 선으로 지워야 한다(부동산등기법 172조).

【 을 구 】 (소유권 이외의 권리에 관한 사항)				
순위번호	등기목적	접수	등기원인	권리자 및 기타사항
~~1~~	~~근저당권설정~~	~~2003년7월31일~~	~~2003년7월31일~~	~~채권최고액 금 231,000,000원~~
~~(전8)~~		~~제239호~~	~~설정계약~~	~~채무자 강지수~~ ~~근저당권자 주식회사춘천상호신용금고~~ ~~공동담보 토지등기 제704호~~
~~2 (전9)~~	~~근저당권설정~~	~~2003년 8월5일 제244호~~	~~2003년8월5일~~ ~~설정계약~~	~~채권최고액 금 135,000,000원~~ ~~채무자 강지수~~ ~~근저당권자 김탁구~~ ~~공동담보 토지등기 제704호~~
3	1번 근저당권설정, 2번 근저당권등기말소	2007년 9월29일 제302호	2007년9월1일 임의경매로 인한 낙찰	
4	근저당권설정	2008년 12월14일 제487호	2008년12월14일 설정계약	채권최고액 금 100,000,000원 채무자 지윤걸
				근저당권자 신한은행(춘천지

				점) 공동담보 토지 강원도 춘천시 효자동 123

갑 제1호증의 2

등기부 등본 (말소사항 포함) - 토지

【 표 제 부 】(토지의 표시)					
표시번호	접 수	소재지번	지목	면적	등기원인 및 기타사항
1 (전2)	1979년 3월 18일	강원도 춘천시 123	대	244.6m^2	부동산등기법 제177조의 6 제1항의 규정에 의하여 1999년 06월 24일 전산이기

【 갑 구 】 (소유권에 관한 사항)				
순위번호	등기목적	접 수	등 기 원 인	권리자 및 기타사항
1 (전 1)	소유권 보존	1979년 5월1일 제57호		소유자 강지수 431201-2234567 춘천시 효자동 123
~~2 (전 11)~~	~~가압류~~	~~2003년 10월30일 제342호~~	~~2003년10월28일 춘천지방법원 원주지원의가압류 결정(2003카단2720)~~	~~청구금액 금 10,871,956원 채권자 한국보증보험주식회사~~
~~3 (전 17)~~	~~가압류~~	~~2004년 7월14일 제221호~~	~~2004년7월14일 춘천지방법원의가압류 결정(2004카단2409)~~	~~청구금액 금 26,099,726원 채권자 춘천신용협동조합~~
~~4 (전 18)~~	~~가압류~~	~~2004년 8월8일 제262호~~	~~2004년8월8일 춘천지방법원의가압류 결정(2004카단2800)~~	~~청구금액 금 3,044,978원 채권자 수산업협동조합중앙회~~
~~5 (전 19)~~	~~가압류~~	~~2004년 10월10일 제333호~~	~~2004년10월10일 춘천지방법법원의가압류 결정(2004카단3726)~~	~~청구금액 금 22,000,000원 채권자 대한보증보험주식회사~~
6	~~가압류~~	~~2005년5월21일~~	~~2005년5월21일~~	~~청구금액 금 3,250,000원~~
~~(전 24)~~		~~제167호~~	~~춘천지방법원의가압류 결정(2005카단4169)~~	~~채권자 수산업협동조합중앙회~~
~~7 (전~~	~~가압류~~	~~2005년5월28일~~	~~2005년5월28일 춘천지방~~	~~청구금액 금 20,000,000원~~

~~25)~~		~~제175호~~	~~법원의가압류 결정(2005카단4562)~~	~~채권자 만천새마을금고~~
~~8 (전 26)~~	~~가압류~~	~~2006년3월15일 제103호~~	~~2006년3월15일 춘천지방법원의가압류 결정(2006카단2042)~~	~~청구금액 금 46,500,000원 채권자 홍길동~~
~~9 (전 27)~~	~~임의경매신청~~	~~2006년3월18일 제110호~~	~~2006년3월11일 춘천지방 법원의가압류 결정(2006타경4500)~~	~~신청인 주식회사춘천상호신용금고~~
~~10~~	~~압류~~	~~2006년7월16일 제291호~~	~~2006월15일 압류(환경 67000 1698)~~	~~권리자 춘천시~~
~~11~~	~~강제경매신청~~	~~2007년 3월14일~~	~~2007년3월13일~~	~~채권자 서울보증보험주식회사~~
		~~제86호~~	~~춘천지방법원의 강제경매개시결정 (2007타경4285)~~	
12	7번 가압류등기말소	2007년 4월11일 제120호	2007년4월6일 해제	
13	소유권이전	2007년 9월29일 제302호	2007년9월1일 임의경매로 인한 낙찰	소유자 주식회사춘천상호신용금고
14	2번 가압류, 3번 가압류,	2007년9월29일 제302호	2007년9월1일 임의경매로 인한 낙찰	

	4번 가압류, 5번 가압류, 6번 가압류, 8번 가압류, 9번 임의경매신청, 10번 압류, 11번 강제경매신청 등기말소			
15	소유권이전	2008년 12월14일 제487호	2008년9월28일 매매	소유자 재단법인 한국예수회유지재단

【 을 구 】 (소유권 이외의 권리에 관한 사항)				
순위번호	등기목적	접수	등기원인	권리자 및 기타사항
~~1~~ ~~(전 8)~~	~~근저당권설정~~	~~2003년7월31일~~ ~~제239호~~	~~2003년7월31일~~ ~~설정계약~~	~~채권최고액 금231,000,000원~~ ~~채무자 강지수~~ ~~근저당권자 주식회사춘천상호신용금고~~ ~~공동담보 건물등기 제704호~~
~~2~~ ~~(전 9)~~	~~근저당권설정~~	~~2003년8월5일~~ ~~제244호~~	~~2003년8월5일~~ ~~설정계약~~	~~채권최고액 금135,000,000원~~ ~~채무자 강지수~~ ~~근저당권자 김탁구~~ ~~공동담보 건물등기 제704호~~
3	1번 근저당권설정, 2번 근저당권	2007년9월29일 제302호	2007년9월1일 임의경매로 인한 낙찰	

	등기 말소			
4	근저당권 설정	2008년 12월14일 제487호	2008년12월14일 설정계약	채권최고액 금 100,000,000원 채무자 지윤걸
				근저당권자 신한은행(춘천지점) 공동담보 건물 강원도 춘천시 효자동 123

갑제2호증

부 동 산 매 매 계 약 서	
1. 부동산의 표시 춘천시 효자동 123 대지: 224.6 평방미터 건물: 1층 - 소매점 2층 - 사랑교회 3층 - 주택 지층 - 대중음식점 2. 계약내용 제1조 위 부동산을 매도인과 매수인 쌍방 합의하에 아래와 같이 매매계약을 체결한다. 제2조 위 부동산을 매매함에 있어 매수인은 매매대금을 아래와 같이 지급하기로 한다.	
매매대금	금 1억 8천만원
계약금	금 일천팔백만 원은 계약시 지급하고
중도금	금 원은 200-년 -월 0일 지급하며
잔금	금 일억육천이백만 원은 2010년 2월6일 오후4시까지 지급한다.
제3조 위 부동산의 명도는 잔금지급일에 한다. 제4조 매도인은 잔금 지급일 현재의 위 부동산에 관련된 채무 및 제세공과금을 변제키로 한다. 제5조 매도인은 잔금 수령 시 소유권 이전등기에 필요한 모든 서류를 매수인에게 교부하고 이전 등기에 협력키로 한다.	

<table>
<tr><td colspan="7">제6조 본 계약을 매도인이 위약 시는 계약금의 배액을 변상하고, 매수인이 위약시는 계약금을 포기하고 반환청구하지 않기로 한다.

특약사항: ① 본 계약은 매도인이 주무관청의 허가를 받아야 효력이 발생한다.
② 잔금을 2월 6일 오후4시까지 지불하되 이행치 않으면 계약포기로 간주한다.
③ 위 부동산의 명도는 설정비, 취득세 감면세액 환원, 그 밖의 이자로 인한 손해금을 변제함과 동시에 한다.(증거물 영수증)
④ 이 계약을 증명하기 위하여 계약서 5부를 작성하여 계약당사자가 이의 없음을 확인하고 각자 서명 날인한다.
2010년 1월 6일</td></tr>
<tr><td>매도인</td><td colspan="6">법인주소: 서울특별시 서초구 서초동 123
재단법인 기독교 한국예수회 유지재단
(등록번호: 1000-1234)
대리인 지윤결 (인)</td></tr>
<tr><td rowspan="2">매수인</td><td>주소</td><td colspan="3">강원도 춘천시 석사동 소나타아파트 103동 1301호</td><td rowspan="2">성명</td><td rowspan="2">김 준 서 (인)</td></tr>
<tr><td>주민등록번호</td><td>721006-1234567</td><td>전화</td><td>123-1234</td></tr>
<tr><td>검인 신청인</td><td colspan="6"></td></tr>
</table>

갑제3호증

최 고 서

수신인 지윤걸
춘천시 효자동 123

1. 귀하는 춘천시 효자동 123 소재 토지, 건물에 대하여 재단법인 기독교한국예수회 유지재단의 대리인으로 2010. 1. 6. 매매대금 180,000,000원에 수신인에게 매도하기로 약정하였습니다.

2. 그래서 수신인은 약정한 잔금 62,000,000원을 준비하여 귀하를 찾아갔으나 귀하는 돌연 계약을 파기한다면서 현재까지 잔금의 수령과 위 부동산의 소유권이전등기에 필요한 서류를 전혀 교부하지 않고 있습니다.

3. 성직자라는 사람이 이런 식으로 선량한 시민을 괴롭히는 데 개탄을 금하지 못합니다. 어서 빨리 잔금을 수령하고 부동산의 소유권을 이전하기를 촉구합니다.

4. 이를 이행치 않아 발생한 모든 손해는 귀하가 변제할 책임이 있음을 최고하오니 양지하여 주시기 바랍니다.

2010. 2. 20.

최고인 김 준 서
춘천시 석사동 소타나아파트 103동 1301호

갑제4호증

사 실 확 인 서

부동산의 표시
춘천시 효자동 123
위 지상 건물

1. 위 부동산에 대하여 재단법인 기독교 한국예수회유지재단의 대리인 지윤걸과 김준서는 2010. 1. 6. 매매대금 180,000,000원으로 매매계약을 체결하고 2010. 2. 6. 잔금 62,000,000원을 지급하기로 약정하였습니다.

2. 하여, 매수인은 잔금을 지참하여 잔금기일에 매도인의 대리인 지윤걸을 만나 계약시 약정한대로 소유권이전등기에 필요한 구비서류를 건네주면 즉시 잔금을 지급하겠다고 말하는 것을 보았습니다.

3. 그런데 매도인의 대리인 지윤걸은 매수인의 잔금 인수를 거절하고 계약 파기를 주장하면서 현장에서 도망쳤습니다. 불쌍한 김준서씨를 도와주십시오. 이상은 모두 사실입니다.

2010. 2. 28.
확 인 자 지성
주민등록번호 571111-2234567
서울 동작구 신대방동 123

춘천지방법원 귀하

갑제5호증

확인서

강지수 431201-2234567
김준서 721006-1234567

부동산 목록: 춘천시 효자동 123번지
상기 2인은 위 건물의 전 소유자의 아들로서 아래의 사항을 준수할 것을 확인합니다.

- 아래 -

1. 2010년 2월 6일까지 1억6천 2백만원을 완불하기로 한다.
(본 건물을 담보 대출 시 협조하기로 교회 대리인 지윤결의 승낙을 받음)
2. 위 내용을 이행하지 않을시에는 옛 집과 거주 처소를 즉시 비우고 건물의 소유목을 완전히 포기한다.

①증인: 신한은행 춘천지점 대리 김하늘
②증인: 이나영 750815-2134567
③증인: 나옥자 570707-2123456

2009년 12월 17일

기독교 사랑교회
한국예수회

대리인. 목사 지윤결

Ⅱ. 소송대리인의 선임과 준비서면의 제출

준 비 서 면21)

사건 2010가합300호 소유권이전등기
원고 김준서
피고 재단법인 기독교 한국예수회유지재단

귀원 위 사건에 관하여 원고 소송대리인은 다음과 같이 변론을 준비합니다.

- 다 음 -

1. 피고 유지재단의 이 사건 부동산의 매수경위

가. 별지 목록 기재 부동산(이하 '이 사건 부동산'이라고 하겠습니다)은 당초 원고의 어머니인 강지수의 소유였는데, 피고 유지재단에 소속된 지윤결 목사는 이 사건 부동산 중 2층 부분을 위 강지수로부터 임대차보증금 40,000,000원에 임차하여 사랑교회를 운영하였습니다.

나. 그러던 중 이 사건 부동산에 대한 근저당권자인 주식회사 춘천상호신용금고(이하 '신용금고'라고 하겠습니다)가 이 사건 부동산에 대하여 춘천지방법원에 임의경매를 신청을 한 후 이를 경락을 받아 2007. 9. 1. 소유권이전등기를 마치게 되었습니다.

그런데 위 지윤결 목사는 이 사건 부동산의 경매절차에서 임차보증금전액을 배당받지 못하여 교회운영에 어려움이 있자 부득이 2008. 9. 28. 신용금고로부터 이 사건 부동산을 매수하기로 하고 신한은행에 채권최고액 금 100,000,000원으로 한 근저당권을 설정하여 위 대출금을 매매대금에 보태어 매매대금 180,000,000원을 지급한 후 피고 유지재단 명의로 소유권이전등기절차를 완료하였습니다.

2. 원·피고간의 매매계약 체결경위

이 사건 부동산은 원고의 어머니인 강지수가 평생 시장에서 김밥을 팔아서 번 돈으로 어렵게 마련한 유일한 재산이었습니다. 그래서 누구보다 이 사건 부동산에 대한 애착이 강했는데 이 사건 부동산이 경락되자 정신적 충격으로 쓰러져 한 동안 병석에서 일어나지 못했습니다. 그러나 이 사건 부동산은 어떻게 해서든 다시 찾아야 한다는 일념 아래 지윤걸 목사를 찾아가 이 사건 부동산을 다시 원고측에 매도할 것을 권유하여 결국 2010. 1. 6. 피고 유지재단을 대리하여 지윤걸 목사와 이 사건 부동산에 관하여 매매대금 180,000,000원으로 한 매매계약을 체결하였습니다.

그러면서 같은 날 계약금으로 금 18,000,000원을 지급하고 중도금은 지윤걸 목사가 신한은행 춘천지점에 대하여 부담하는 근저당권 피담보채권액 100,000,000원을 원고가 면책적으로 인수하는 것으로 갈음하고, 잔금 62,000,000원은 2010. 2. 6. 지윤걸 목사에게 지급하기로 하고 지윤걸 목사는 잔금지급일에 원고에게 원고 명의로 이 사건 부동산에 대한 소유권이전등기를 위하여 필요한 서류를 교부하는 등 소유권이전등기에 필요한 제반절차에 대하여 협조를 하여 주기로 하였습니다.

3. 피고의 원고에 대한 계약불이행

가. 원고는 잔금지급일인 2010. 2. 6. 잔금을 지급하기 위하여 농협발행 자기앞수표 금 62,000,000원을 준비하여 위 지윤걸 목사와 만나 위 수표를 제시하며 등기이전을 위해 법무사사무실에 가자고 요구하였습니다. 그러나 지윤걸 목사는 제반 서류 등을 갖추지 않고 아무런 이유 없이 그 이행을 하지 않았습니다.

나. 아울러 원고는 피고 유지재단의 주윤발 장로를 만나 소유권이전등기에 필요한 제반서류에 대하여 설명을 들은 후 수차례에 걸쳐 위 지윤걸 목사에게 이 사건 부동산에 대한 소유권이전등기에 필요한 기본재산처분전환신청서에 서명·날인해 줄 것과 제반서류를 교부해 줄 것을 요구하였지만 지윤걸 목사는 지금까지도 전혀 응하지 않고 있습니다.

한편 원고는 잔금지급기일전에 이미 위 주윤발 장로로부터 이 사건 부동산이 피고 유지재단의 기본재산에 속하지 않으므로 사유서첨부만으로 소유권이전등기시 서류가 대폭 간소화 된다는 사실을 전해 들었으며, 법무사사무실로부터 이 사건 부동산의 소유권이전등기를 위하여 피고 유지재산의 정관사본, 이사회의사록,

피고 유지재단의 매매용 인감증명서, 위임장 등 구비서류로서 소유권이전등기가 가능하다는 설명을 들었습니다. 따라서 위 지윤걸 목사의 최소한의 협조만으로도 이 사건 부동산에 관한 소유권이전등기절차를 마칠 수 있었습니다.

다. 더욱이 원고는 위 지윤걸 목사로부터 "재단에서 필요하거나, 등기 이전할 때 협조할 수 있는 능력 내에서 집을 찾을 수 있는 방법이 있다면 최대한 협조한다."라는 확인각서까지 교부받았으나 지윤걸 목사는 아무런 이유도 없이 지금까지도 그 이행을 하지 않고 있습니다.

4. 결론

따라서 피고 유지재단은 원고에게 이 사건 부동산에 대한 소유권이전등기절차를 이행할 의무가 있습니다.

2010. 4. 17.

원고 소송대리인
변호사 명 변 론

춘천지방법원 제2민사부 귀중

21) 소장 제출 후 통상은 피고가 답변서를 제출하나 이 사건은 소장 제출 후 원고가 변호사인 소송대리인은 선임자하자, 소송대리인이 원고의 주장을 정리하여 곧바로 준비서면을 제출한 것이다.

Ⅲ. 답변서의 제출

답 변 서

사건 2010가합300호 소유권이전등기
원 고 김 준 서
피 고 재단법인 한국예수회유지재단

위 당사자간 귀원 2010가합300호 소유권이전등기 청구사건에 관하여 **피고의 소송대리인**은 다음과 같이 답변합니다.

청구취지에 관한 답변

1. 원고의 청구를 기각한다.[22)]
2, 소송비용은 원고의 부담으로 한다.
라는 재판을 구합니다.

청구원인에 관한 답변

1. 원고 주장의 인부

피고는 원고의 주장 중 갑제1호증의 매매계약서를 작성한 사실만 인정하고 나머지 원고의 주장은 모두 부인합니다.[23)]

2. 이 사건 매매계약은 원고가 중도금을 지급하지 않아서 적법하게 해제되었습니다.[24)]

원고는 강원도 춘천시 효자동 123 토지 및 위 지상 건물에 대한 매매계약 체결시 중도금은 피고 유지재단이 신한은행에 대하여 부담하는 근저당권 피담보채무 금 100,000,000원을 원고가 면책적으로 인수하기로 하고 잔금지급일에는 계약금과 위 피담보채무액을 제외한 나머지 금 62,000,000원을 잔금으로 지급하려고 하였는데 피고 유지재단이 수령을 거절하여 결국 피고의 책임으로 매매계약이 해제되었다고 주장합니다.

그러나 피고 유지재단은 원고와 중도금을 위 **피담보채무를 원고가 면책적으로 인수하는 방식으로 지급받는다는 약정을 한 바 없으며 중도금과 잔금 합계 금 162,000,000원을 현실로 제공한다는 약정을 하였을 뿐**[25]입니다. 갑제1호증 매매계약서를 살펴보면 어디에도 중도금을 원고가 면책적으로 채무인수한다는 내용은 없습니다. 게다가 신한은행의 채권을 원고가 인수하려면 신한은행의 동의가 있어야 하는데 이에 관하여 원고가 취한 조치 또한 전혀 없습니다.

그럼에도 불구하고 원고는 위 중도금을 현실로 지급하지 아니한 채 오직 잔금조로 금 62,000,000만원을 지급하려고 하였습니다. 이에 피고 유지재단은 중도금 전액의 현실지급을 요구하였던 것으로 **중도금과 잔금의 전액을 현실지급하지 아니하는 이상 소유권이전등기에 필요한 서류 등을 제공할 의무가 없다 하겠고 결국, 이 사건 매매계약은 원고의 매매대금지급의무 불이행으로 인하여 해제**되었습니다. 그리고 이 사실을 명확히 하기 위하여 피고 유지재단의 대리인 지윤걸은 2010. 2. 5. 원고에게 매매계약의 해제사실을 통고하였습니다(을제1호증 통고서). 따라서 원·피고 사이의 이 사건 매매계약은 원고의 채무불이행으로 해제되었고, 계약금은 위약금으로 몰취되었으므로 원고는 피고에게 이 사건 부동산의 소유권이전등기를 청구할 권원이 없습니다.

3. 이 사건 부동산의 소유권이전등기와 관련하여 피고 유지재단이 원고에게 사전에 협력을 약정한 바 없습니다.

원고는 이 사건 매매계약을 체결하기 전 피고 유지재단 소유인 부동산의 소유권 변동에는 피고 유지재단의 이사회결의 및 주무관청(문화관광부장관)의 허가를 받아야 한다는 사실을 알고 있었으며, 매매계약서만 작성해 주면 나머지 사항은 원고가 알아서 처리한다고 하여 피고 유지재단의 대리인인 지윤걸 목사는 이 사건 부동산의 매매계약서를 작성하여 원고에 교부하였을 뿐입니다(을제2호증 확인서).

4. 결론

따라서 원・피고 사이의 이 사건 부동산의 매매계약은 원고의 채무불이행으로 적법하게 해제되었고, 계약금은 위약금으로 몰취되었으므로 원고는 피고에게 이 사건 부동산의 소유권이전등기를 청구할 수 없습니다. 원고의 청구를 기각하여 주십시오.[26)]

입 증 방 법[27)]

1. 을제1호증　　　통고서
1. 을제2호증　　　확인서

2010. 5. 2.
피고의 소송대리인
변호사 나승소
변호사 무패소[28)]

춘천지방법원 제2민사부 귀중

22) 원고의 청구에 대한 기본적인 답변형태는 원고의 청구를 기각한다는 것이다.

23) 피고는 원고의 주장사실 중 처분문서인 매매계약서를 작성한 사실만 인정하고 있으나 이것은 부동산소유권이전을 위한 주요사실에 관한 것으로 매매계약에 관해서는 재판상 자백이 이뤄진 것으로 평가할 수 있다. 그러나 피고는 항변으로서 원고가 약정기일에 매매대금을 지급하지 않았음을 주장하고 있고 이는 피고가 입증하여야 한다.

을제1호증

통 고 서

발신 : 춘천시 효자동 123
기독교 한국예수회유지재단의 대리인
사랑교회 담임목사 지 윤 걸
수신 : 춘천시 석사동 소나타아파트 103-1301
김 준 서

본인은 기독교 한국예수회유지재단을 대리하여 춘천시 효자동 123 토지 및 건물에 관한 매매계약서를 귀하에게 교부하면서 위 부동산의 매매에는 교단의 승인 등 기타 복잡한 절차상의 문제가 있다는 점을 분명히 밝힌 바 있습니다.

이에 귀하는, 귀하가 알아서 필요한 절차를 모두 해결할 테니 매매계약서만 작성하여 주면 모든 것이 정리된다고 말하였습니다. 그러나 정작 매매대금의 지급기일인 2010. 2. 6.이 다가오자 귀하는 중도금의 현실지급을 꺼리는 등 매매를 위한 충분한 준비를 하지 않고 있습니다.

이에 본인은 매매잔금 지급기일인 2010. 2. 6.까지 본인 또는 위

---

24) 피고는 서면을 작성할 때 '두괄식 문장제'를 사용하고 있다. 두괄식 문장제 서면작성 방식은 판사로 하여금 피고 주장의 핵심을 쉽게 파악할 수 있도록 도와준다.

25) 피고 주장의 내용 중 중요한 부분은 밑줄을 긋거나 볼드체로 표시하여 판사가 그 내용을 쉽게 파악할 수 있도록 돕고 있다.

26) 결론은 역시 '원고의 청구 기각'이다.

27) 피고 제출의 서증은 을제O호증이라고 표시한다. 원고는 피고가 제출하는 서증에 대하여 어떤 인부를 하여야 할까?

28) 피고는 공동 소송대리인을 선임하고 있다.

재단에 매매대금을 현실로 지급할 것을 통고하며 위 기일까지 이를 이행하지 않으면 귀하의 귀책사유에 따라 별도의 통고 없이 귀하와의 매매계약을 해제함과 아울러 계약금은 위약금으로 몰수함을 통고합니다.

2010년 2월 5일 위 발신인 지윤걸[29)]

29) 피고 대리인은 매매계약의 해제를 미리 통지하고 있다.

을제2호증

확인서

1. 매도인(대리인 지윤걸)이 이사회 의결이나 주무관청의 허가를 받아야 할 의무나 능력은 없다.

2. 매도인이 계약금을 받았기에 책임지고 허가나 의견을 받아야 함이 아님.

김 준 서

Ⅳ. 본격적 서면공방[30)]

준 비 서 면

사 건: 2010가합300호 소유권이전등기
원 고: 김 준 서
피 고: 재단법인 기독교한국예수회유지재단

귀원 위 사건에 관하여 원고 소송대리인은 다음과 같이 변론을 준비합니다.

다 음

1. 중도금지급에 갈음한 원고의 채무인수 약정 경위

피고 유지재단은 이 사건 부동산에 근저당이 설정되어 있는 신한은행에 대한 채무를 원고가 인수하는 것으로 하여 매매잔금을 지급하기로 하는 약정을 한 바 없다고 주장합니다.

그러나 피고의 위 주장은 사실과 다릅니다. 이 사건 매매계약서(갑제2호증)는 지윤걸 목사의 처 김라움이 작성하였는데 위 채무인수 사항을 당시에 구두로만 합의하였고, 다만 계약서에 이를 명시하지 않았을 뿐입니다(이 부분은 증인의 증언을 통하여 입증하겠습니다).

피고 유지재단도 이 사건 부동산을 매수할 당시 매매대금

30) 본격적인 서면 공방을 통해서 이 사건의 쟁점이 더욱 부각되며 당사자는 주장사실에 대한 입증활동을 적극적으로 하게 된다.

180,000,000원 중 계약금 및 중도금으로 90,000,000원을 매도인에게 지급하였을 뿐 나머지 매매대금 90,000,000은 이 사건 부동산에 관한 소유권이전등기를 받음과 동시에 신한은행에 근저당권을 설정하여 그 대출금으로 매도인인 신한은행에 잔금을 지급하였습니다(갑제 1호증 등기부등본 참조). 원고도 이와 마찬가지 방법으로 이 사건 부동산을 매수하려고 하였던 것이고, 그래서 갑제5호증(확인서)에도 "본 건물을 담보대출시 협조하기로 교회대리인 지윤결의 승낙을 받음"이라고 기재하였던 것입니다.[31]

2. 원고의 채무인수약정 불이행과 부당한 해제통고

만약 피고 유지재단이 이 사건 매매계약을 이행할 의사가 있었다면 그 약정유무를 떠나 잔금지급기일에 원고와 함께 신한은행에 채무인수를 위해 방문하는 것이 일반적인 상식에도 부합합니다. 피고의 주장대로라 하더라도 어차피 잔금에서 채무를 변재하나 그 채무를 원고가 인수하나 피고 유지재단의 입장에서 마찬가지이기 때문입니다. 피고가 잔금지급일 하루 전인 2010. 2. 5. 내용증명으로 원고에게 미리 계약해지통고를 한 것은(을제1호증 통고서) 피고 유지재단의 목적이 어디에 있었는지 짐작하고도 남음이 있다 할 것입니다.

2010. 5. 15.
원고 소송대리인
변호사 명 변 론

춘천지방법원 민사합의부 귀중

31) 원고는 매매대금의 일부를 원고가 지급하지 않았다는 피고의 항변에 대하여 해당 매매대금을 지급하지 않은 것이 아니라 이는 원고가 면책적으로 채무를 인수하는 방식으로 해당 대금의 지급을 갈음하기로 약정

서 증 목 록[32)]

1. 갑제6호증	최고서(김준서)
1. 갑제7호증	기본재산처분전환(취득)신청서
1. 갑제8호증	메모(주윤발)
1. 갑제9호증의 1부터2	각 자기앞수표 사본
1. 갑제10호증	확인서(지윤걸)
1. 갑제11호증	인증서(주향기)
1. 갑제12호증	매도인 구비서류 목록

2010. 6. 12.
원고의 소송대리인
변호사 명변론

춘천지방법원 제2민사부 귀중

하였다는 주장을 하고 있다. 이것은 원고의 재항변인가 아니면 피고의 항변사실을 부인하는 것인가?

32) 원고 제출의 서증에 대하여 피고는 어떤 인부를 하여야 할까?

갑제6호증

최 고 서

최 고 인 : 김 준 서
춘천시 석사동 소나타아파트 103동 1301호
피최고인 : 재단법인 기독교 한국예수회유지재단
대표자 이사장 김엽광
서울 서초구 서초동 123

귀하는 춘천시 효자동 123번지 소재 지하1층 지상3층 토지건물 부동산에 대하여 귀하 명의로 등기되었던바 본인과 귀 재단과의 사이에 부동산 매매 계약체결을 하고자 귀 재단의 사랑교회 지윤걸 목사를 대리인으로 하여 2010. 1. 6. 매매대금 180,000,000만원으로 한 매매계약을 체결한 사실을 잘 알고 계실 것입니다.

등기부상 명의는 귀 재단이지만 위 부동산의 실소유자는 사랑교회의 지윤걸 목사로 지 목사는 위 부동산을 매수하기 위하여 자신의 돈과 교인들의 헌금을 모아 매매대금 중 90,000,000원을 당시 소유자 춘천상호신용금고에 지급하고 나머지 매매대금 90,000,000원은 채무자 지윤걸 명의로 신한은행에 근저당권을 설정하여 그 대출금으로 지급한 사실 또한 잘 알고 계실 것입니다.

이후 본인은 귀 재단의 대리인 지윤걸 목사에게 수회에 걸쳐 별도 최고서를 보내어 매매계약시 약정한대로 중도금은 위 신한은행 대출금채무를 원고가 인수하는 것으로 하고 잔금 62,000,000원을 법무사사무실에 가서 본인외 입회인 3인의 입회 아래 지윤걸 목사에게 지급하려고 하였으나 지윤걸 목사는 아무런 이유없이 잔금의 수령을 거절하며 지금까지 부동산에 대한 소유권이전절차를 밟지 않고 있습니다.

그러면서도 지윤걸 목사는 귀 재단에서 등기이전을 해줄 수 없다고 결의하였다는 등 횡설수설을 하며 폭언을 퍼붓는 등 상식 밖의 행동을 하고 있습니다. 이에 본인은 귀 재단 측에서 잔금의 수령을 거부하고 등기이전에 필요한 제반서류를 현재까지도 이행치 않는 계약 위반의 책임이 귀 재단 측에 있음을 분명하게 밝혀두며 앞으로 귀 재단과 지윤걸 목사에 대하여 민·형사상의 모든 책임을 묻고자 합니다. 불미스러운 일이 발생하지 않도록 최고서를 보내오니 귀하께서 현명한 판단 있으시길 바랍니다.

2010년 3월 4일
최고인 김준서 (인)

갑제7호증

기본재산 처분전환(취득) 신청서

처분재산 표시:
전환재산 표시:

위의 부동산을 OO 교회에서 위와 같이 처분(전환)하고자 서류 구비하여 제출합니다.

구 비 서류

1. 구역회 회의록	1부
2. 전환 사유서	1부
3. 전환수지 예산서	1부
4. 처분재산 토지 및 건물 등기부등본	각 2부
5. 처분재산 토지 및 건축물대장등본	각 2부
6. 처분재산 매매계약서	1부
7. 처분재산 개별공시지가 확인서	1부
8. 전환(취득)재산 등기부등본	각 2부
9. 전환(취득)재산 토지 및 건축물대장	각 2부
10. 전환(취득)재산 도시계획확인원(지목이 농지인 경우)	1부
11. 전환(취득)재산 매매계약서	2부
12. 건축허가서 사본(건축시)	2부
13. 건축공사 도급계약서	2부
14. 은행잔고 증명서 및 교인헌금 명세서	2부

년 월 일
기독교 한국예수회 OO 교회
담임목사 OOO

재단법인 기독교 한국예수회 유지재단 귀중

갑제8호증

사랑교회 목사님

재산처분의사가 있다면
본 기본신청서의 내용을 읽어 보시고
안내 내용대로 서류구비,
해당 난에 날인 받아 교회에서
직접 제출 하십시오.

2010. 1. 8.
재단법인 기독교 한국예수회유지재단
주윤발

갑제9호증의1, 2[33)]

자기앞수표
농업협동조합　　　　　　바가 48805123
금 62,000,000원
이 수표 금액을 소지인에게 지급하여 주십시오.
거절증서 작성을 면제함
2010. 2. 6.
발행자
농업협동조합

자기앞 수표의 앞면

김준서
721006-1234567
011-1234-1234

자기앞수표의 뒷면

33) 자기앞수표도 앞면과 뒷면을 증거로 제출하므로 가지번호를 붙였다.

갑제10호증

재단에서 필요로 하거나 등기 이전할 때
협조할 수 있는 능력 내에서
집을 찾을 수 있는 방법이 있다면
최대한 협조한다.

지윤걸

갑제11호증

등부 2010년 제102호

인 증 서[34)]

공증인가 강원합동법률사무소

34) 진술서에 대한 인증은 사서증서에 대한 인증이다. 사서증서의 인증은 촉탁인으로 하여금 공증인 앞에서 사서증서에 서명 또는 날인하게 하거나 사서증서의 서명 또는 날인을 본인이나 대리인으로 하여금 확인하게 한 후 그 사실을 증서에 적는 방법으로 한다(공증인법 57조 1항). 인증은 공증인이 담당하는데 공증인은 지방검찰청 소속으로 한다(공증인법 10조 1항). 따라서 문서 중 공증부분은 공문서로 취급한다. 공증인은 임명공증인과 인가공증인으로 나뉜다(공증인법 1조의2 1호). 인가공증인은 공증담당변호사를 지정하여 공증의 업무를 하게 한다(공증인법 15조의3).

사실 확인서

성명 주 향 기　　　　　　　　　주민등록번호: 551212-1234567
주소 강원도 춘천시 퇴계동 그안아파트 101 동 1201호

본인은 2010년 2월 6일 15:30분경 강지수씨가 효자동 123번지 건물에 대한 잔금을 치르기 위해 건물 2층으로 올라가는 중인데 같이 가서 입회 좀 해달라고 하여 같이 가니 강지수씨가 액수가 큰돈이니 여기에서 하지 말고 법무사 사무실에 가서 잔금을 주겠다고 하였으나 지윤경 목사님께서는 여기에서 돈을 주면 영수증을 써주겠다고 하니 강지수씨는 이 건물이 1억원이나 근저당 되어있는데 어떻게 믿고 돈을 줄 수 있느냐 하면서 법무사 사무실에 가자고 하였습니다.

다투는 중 목사께서 돈을 보자 하니 다른 제3자가 가방에서 수표와 통장을 함께 보여주면서 돈은 걱정하지 말아라하며 법무사 사무실로 가자하는 것을 보았습니다. 그런데 목사님께서는 누가 그러는데 법무사 사무실에 가면은 엮긴다고 하면서 버티면서 계약파기라는 말을 하였습니다.

위 사실에 대한 확인을 합니다.

공증인가 강원합동 법률사무소

등부 2010년 제102호

인 증

위 사실확인서에 기재된 촉탁인(확인자) 주 향 기는 본 직의 면전에서 위 사서증서에 기명날인이 본인의 것임을 확인하였다.

본직은 위 촉탁인이 제시한 주민등록증에 의하여 그 사람이 틀림없음을 인정하였다.
2010년 03월 04일 이 사무소에서 위 인증한다.

공증인가 강원합동법률사무소
강원도 춘천시 효자동 777

공증담당변호사 羅規範

갑제12호증

매도인 구비서류

1. 재담법인 정관사본 1부
2. 재단법인 이사회 의사록 1부
3. 재단법인 매매용 인감증명서 1부
4. 물건지 등기권리증
5. 위임장 매매계약서에(법인 인감도장) 날인

반 소 장[35)]

본소사건 2010가합300 소유권이전등기
반소원고(피고) 재단법인 기독교 한국예수회유지재단
반소피고(원고) 김 준 서[36)]

위 당사자간 귀원 2010가합 300호 소유권이전등기 청구사건에 관하여 반소원고(피고)의 소송대리인은 다음과 같이 반소를 청구합니다.

건물명도 청구의 반소

반소 청구취지

1. 반소피고는 반소원고에게 별지목록 기재 부동산 1층 중 별지 도면 표시 1, 2, 3, 4, 1의 각 점을 순차로 연결한 선내 (가)부분 6.762m^2를 명도하라.[37)]
2. 소송비용은 반소피고의 부담으로 한다.
3. 위 제 1 항은 가집행할 수 있다.

라는 재판을 구합니다.

반소 청구원인

1. 이 사건 부동산 매매계약은 적법하게 해제되었습니다.

반소원고(본소피고, 이하 '피고 유지재단'이라고 하겠습니다) 소속 사랑교회 담임목사 지윤걸은 2010. 1. 6. 원고와 피고 유지재단 소유의 춘천시 효자동 123 소재 대지 224.6m^2 및 동지상 지상 3층 지하 1층 건물(이하 '이 사건 부동산'이라 하겠습니다)에 관하여 매매대금을 180,000,000원으로 정하고, 계약금

18,000,000원은 매매계약 체결 당일 지급하고, 잔금 162,000,000원은 2010. 2. 6.까지 지급하기로 하는 부동산매매계약을 체결하였는바, 원고는 이 사건 부동산의 매매잔금 지급기일인 2010. 2. 6.까지 매매잔금 162,000,000원을 지급하지 아니하였는바, 피고측은 2010. 2. 5. 원고의 매매잔금 지급의무 위반을 이유로 이 사건 부동산의 매매계약에 관하여 해제통보하였습니다.

2. 원고는 이 사건 부동산의 일부를 무단 점유하고 있는바 해당 부동산을 피고에게 명도하여야 할 의무가 있습니다.

원・피고 사이의 이 사건 부동산의 매매계약은 원고의 채무불이행으로 해제되었고, 계약금은 위약금으로 몰취되었으므로 원고는 피고에게 이 사건 부동산의 소유권이전등기청구권이 없는 반면, 원고는 별지목록 기재 부동산(건물) 1층 중 계단 밑부분(반소청구취지 기재부분)에 물건을 보관하여 무단 점유하고 있는바, 위 점유는 법률상 권원이 없는 무단점유로서 원고는 피고 유지재단에게 반소청구취지 기재 건물을 즉시 명도할 의무가 있습니다.[38)]

첨 부 서류[39)]

1. 건축물대장 1부
1. 개별공시지가확인서 1부

2010. 6. 19.
반소원고의 소송대리인

변호사 나 승 소
변호사 무 패 소

춘천지방법원 제2민사부 귀중

부동산 목록(건물)

춘천시 효자동 123번지 대 244.6m^2 및 위 지상
철근콘크리트슬라브지붕
지층 121.86m^2 대중음식점
1층 123.30m^2 소매점
2층 121.86m^2 사무실
3층 121.86m^2 주택 <끝>

---

35) 피고는 소송절차를 현저히 지연시키지 아니하는 경우에만 변론을 종결할 때까지 본소가 계속된 법원에 반소를 제기할 수 있다. 다만, 소송의 목적이 된 청구가 다른 법원의 관할에 전속되지 아니하고 본소의 청구 또는 방어의 방법과 서로 관련이 있어야 한다(민소 269조 1항). 이 사건 반소는 본소에서 소유권이전을 구하는 목적물인 부동산에 대하여 그 일부의 명도를 구하는 관련성이 있다.

36) 반소장에는 본소 사건을 표시하며 이때 본소의 피고는 반소원고가 되고, 본소의 원고는 반소피고가 된다. 반소 제기 후에는 보통 당사자의 지위를 하나로 통일하여 표시한다. 반소는 본소에 관한 규정을 따른다(민소 270조).

37) 부동산 명도소송의 청구취지에는 명도의 대상이 되는 부동산의 부분을 아라비아숫자로 연결하여 표시하며 별지로 부동산을 특정하는 목록 및 도면을 첨부한다.

38) 이 사건 명도소송의 주요사실은 무엇일까?

39) 건물의 등기부등본은 이미 본소에서 제출된 상태이므로 별도로 제출하고 있지 않다.

별지도면

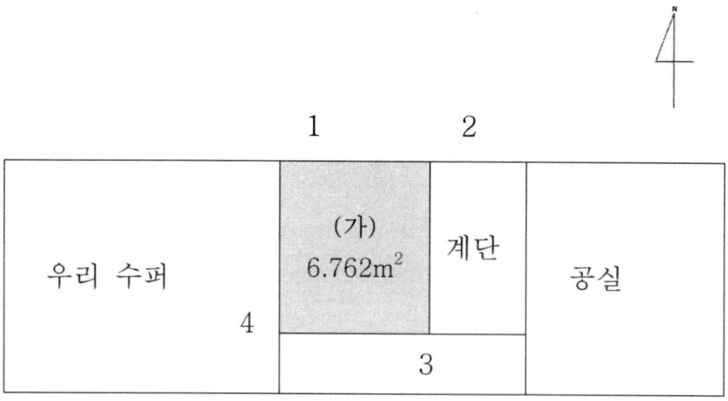

1층의 평면도

V. 증인신문의 신청과 증인신문

증 인 신 문 신 청

사 건 2010가합300호 소유권이전등기
원 고 김 준 서
피 고 재단법인 기독교 한국예수회유지재단

귀원 위 사건에 관하여 원고 소송대리인은 그 주장사실을 입증하기 위하여 다음과 같이 증인신문을 신청합니다.

다 음

1. 증인의 표시
   증인: 나 옥 자(570707-2123456)
   주소: 춘천시 온의동 123
2. 증인신문사항: 별지 기재와 같습니다.
3. 증인대동, 여비직불하겠습니다.[40)]

2010. 6. .
원고 소송대리인
변호사 명 변 론

춘천지방법원 제2민사부 귀중

2010가합300호[41]

증 인 나 옥 자 신 문 사 항

1. 증인은 원고의 어머니 강지수와 친한 사이로 강지수와 지윤걸 목사의 부동산 매매에 관하여 잘 알고 있지요.[42]

예. 그렇습니다.

2. 강지수는 지윤걸 목사가 목회를 하던 사랑교회에 예배당 용도로 자신이 소유하던 춘천시 효자동 123 건물의 2층을 임대했던 임대인이자 위 사랑교회의 교인이었지요.

예.

(갑제5호증을 제시하고)[43]

3. 이 확인서는 강지수가 이 사건 부동산 2층 교회에서 지윤걸 목사로부터 받은 문서가 맞지요

맞습니다.

4. 이 확인서를 작성할 당시 현장에는 증인을 비롯하여 강지수, 신한은

---

40) 이 사건 증인신청서에는 증인신청의 입증취지가 생략되어 있는데, 때에 따라서는 증명하려는 사항을 간략하게 적기도 한다. 그렇다면 증인 나옥자를 신청하는 입증취지는 무엇일까?

41) 신문사항 왼쪽 상단에 사건번호를 적시하여 사무 처리의 편리를 도모한다.

42) 증인신문의 첫 번째 항은 증인과 당사자 혹은 사건과의 관계를 묻는 내용이다.

43) 서증을 제시하는 것은 무엇보다 해당 서증의 성립인정을 위해 필요하고, 다음으로 각 서증의 입증취지를 명확히 하는 효과가 있으며, 더불어 증언의 신빙성을 더해준다.

행 직원 김하늘, 지윤결 목사가 데려온 이나영이 입회하고 있었지요.

김하늘과 이나영인지는 모르지만 그 때 저하고 강지수씨 말고 2명이 더 있었습니다.

5. 증인은 강지수가 이 사건 부동산 1층 창고에서 어렵게 생활하기 때문에 거의 매일 밑반찬을 마련하여 강지수를 찾아가 위로를 해주고 있었는데, 위 확인서를 작성할 당시에도 강지수와 함께 있던 중 확인서를 작성한다고 하여 입회하게 된 것이지요.

확인서를 작성하는지는 몰랐고, 강지수가 연락을 해서 와 주었으면 해서 가는 길에 반찬을 좀 챙겨서 갔던 것입니다. 그러다가 싸인을 하게 되었습니다.

6. 이 확인서 하단에 증인 나옥자라고 기재된 부분은 증인의 필적이 맞지요[44]

예.

7. 이 확인서는 이 사건 부동산에 설정된 근저당채권액을 원고가 인수하거나 원고가 담보대출을 받을 수 있도록 적극 협조하여 주겠다는 취지로 작성한 것이지요.

그렇게 자세한 내용은 모르고 강지수와 지윤결 목사 사이에 교회 건물 매입과 관련해서 분쟁이 있다는 것은 압니다.

8. 그러면서 지윤결은 증인과 강지수에게 "재단에서 서류에 도장을 안 찍어 주면, 내가 재단을 탈퇴하면서까지 적극 협조해주겠다."[45]라는 약속을 하였지요.

---

44) 서증의 진정성립을 인정받기 위한 질문이다.
45) 직접 인용으로 증언이 신빙성을 두텁게 보강하려는 의도이다.

그런 말을 했다고 강지수씨한테서 들었습니다.

9. 원고와 강지수는 이 사건 부동산에 대하여 근저당권이 설정된 채무를 인수하기로 하고 추후 대출금리가 저렴한 석사농협으로 대출을 옮길 생각이었지요.

그 말도 강지수씨한테 들었습니다.

10. 그래서 증인은 원고 명의의 담보대출을 위해 위 석사농협의 대출담당자인 기청룡을 강지수에게 소개 시켜주었지요.[46]

강지수씨가 건물을 매입하는데 돈이 필요하다면서 농협직원 아는 사람이 있냐고 해서 기청룡씨를 안다고 말해 준 적이 있습니다.

11. 증인은 2010. 1. 7. 강지수, 지성과 함께 이 사건 부동산에 대한 소유권이전등기에 필요한 제반서류를 확인하기 위하여 피고 유지재단의 재정장로인 주윤발장로를 만났지요.

예.

(갑제7호증을 제시하고)
12. 이 문서는 주윤발 장로가 이 사건 부동산에 대한 소유권이전등기절차를 강지수에게 설명하면서 교부한 것이지요.

주윤발 장로가 뭔가를 준 것 같은데 이 게 그 서류인지는 잘 모르겠습니다.

(갑제8호증을 각 제시하고)
13. 이 자필문서는 주윤발 장로가 이 사건 부동산의 소유권이전에 필요한 구비사항과 관련하여 자필로 작성하여 강지수에게 교부한 것이

46) 7항, 8항, 10항의 질문은 모두 매매대금의 일부를 채무인수의 방식으로 지급하려고 했다는 원고의 주장을 지지하는 내용이다.

지요.

방문 말씀드린 것처럼 주윤발 장로가 어떤 문서를 강지수씨에게 준 것인지는 잘 모릅니다.

14. 증인은 당시 주윤발 장로로부터 이 사건 부동산은 피고 유지재단의 기본재산에 속하지 않는다는 얘기를 들었는데 그 이유는 이 사건 부동산을 매입하는 과정에서 피고 유지재단의 돈이 들어가지 않았고, 지윤걸의 개인 돈과 사랑교회 교인들의 헌금으로 매입하였기 때문이라는 설명을 들었지요.

기본재산이란 말은 잘 모르겠습니다. 다만, 강지수씨는 지윤걸 목사가 별 돈을 들이지 않고 자신의 건물을 가져간 것이나 다름이 없다고 크게 화가 나 있었습니다.

15. 그래서 주윤발 장로는 지윤걸이 이 사건 부동산의 취득경위에 대한 사유서 및 도장을 날인 받아 피고 유지재단으로 올려 보내면 나머지 필요한 부분은 피고 유지재단에서 해주겠다는 약속을 하였지요.[47)]

그렇게는 말하지 않았던 걸로 기억하고, 중간에서 중재를 해 보겠다는 식으로 말한 것 같습니다.

(갑제2호증을 제시하고)

16. 이 계약서는 지윤걸의 처인 김라움이 작성한 것인데, 증인은 원고로부터 이 사건 부동산에 대한 채무인수액을 잔금에서 공제하거나, 원고 명의로 소유권이전등기 후 다른 금융기관으로부터 대출을 받아 기존대출금을 변제하기로 구두합의가 되었다는 얘기를 들었지요.

---

47) 14항, 15항의 질문을 통해 이 사건 부동산이 피고 유지재단의 기본재단이 아니라는 점, 그리고 이 사건을 원고가 매수함에 있어 필요한 행정적 절차는 원고의 이행의무사항이 아니라 피고 유지재단의 협조를 통해서 이뤄진다는 점을 강조하고 있다.

강지수씨에게서 그렇게 들었습니다.

17. 원고는 지윤결로부터 중도금의 지급을 위해 담보대출을 한다는 취지의 확인서(갑제5호증)를 받아 두었기 때문에 이 사건 부동산에 대한 채무인수로 잔금을 공제하기로 한다는 사항은 별도로 계약서에 명시하지 않았던 것이지요.48)

그래서 명시를 하지 않은 것인지는 잘 모르겠습니다.

(갑제10호증을 제시하고)

18. 위 서류는 계약당시 지윤결의 처인 김라움이 작성한 것으로 지윤결은 소유권이전등기절차과정에서 최대한 협조하겠다는 취지로 작성한 것이지요.49)

잘 모르겠습니다.

(을제2호증을 제시하고)

19. 이 서류는 김라움이 작성하여 원고가 서명한 것인데, 그 취지는 지윤결이 소유권이전등기에 필요한 사유서 및 도장날인 등 소유권이전등기절차에 필요한 사항을 이행하면 그 밖의 피고 유지재단으로부터 받아야 할 제반서류에 대하여 지윤결에게 책임을 지우지 않겠다는 것이지요.50)

제 기억엔 계약서를 작성하여 주면 강지수씨가 알아서 한다는 내용이었던 것 같습니다.

48) 16항, 17항 모두 매매대금의 일부가 채무인수 형식을 통해 지급된다는 점을 다시 강조하고 있다.

49) 다시 이 사건 부동산의 소유권이전을 위해 필요한 행정적 절차에 피고 유지재단과 지윤결 목사가 협조하여야 한다는 취지를 강조하고 있다.

50) 을제2호증에 기재된 내용에 대하여 최대한 원고에게 유리하게 해석하는 내용을 증인신문사항으로 담아내고 있다.

(갑제12호증을 제시하고)

20. 이 매도인 구비서류는 이 사건 부동산의 소유권이전등기절차에 필요한 매도인의 구비서류에 대한 사항을 법무사사무실로부터 받은 것이지요.

잘 모르는 메모입니다.

21. 당시 원고와 강지수는 이 사건 부동산이 피고 유지재단의 기본재산이 아니므로 그 거래가 주무관청의 허가사항이 아니라는 것을 알고 있었지요.[51)]

강지수씨가 나중에 사건이 터지고 나서 그렇게 말했습니다. 그런데 기본재산이라고 말했는지 기억이 나지 않습니다.

22. 증인은 2010. 2. 6. 15:30.경 강지수, 지성과 함께 이 사건 부동산에 대한 잔금을 치르기 위하여 지윤걸을 만났지요.[52)]

잔금을 주는 데 증인을 서 달라고 해서 같이 갔습니다.

(갑제9호증의1 부터2를 각 제시하고)

23. 이 자기앞수표는 이 사건 부동산에 대한 잔금을 지급하기 위해 강지수가 지윤걸에게 제시한 것이 맞지요.

그 때 싸움이 나서 보여주지는 못했고 강지수씨가 잔금으로 줄 수표라며 저에게 보여준 적은 있습니다. 그것을 가방에 넣고 갔습니다.

24. 그런데 지윤걸은 이 사건 부동산에 대한 등기절차에 필요한 제반서

---

51) 원고는 증인신문당시까지 이 사건 부동산이 피고 유지재단의 기본재산이 아니라는 점을 전제로 주장·입증 활동을 전개하고 있다. 기본재산인지 여부는 이 사건에서 왜 중요할까?

52) 원고가 매매대금 지급 의무를 이행하였다는 취지의 주장을 하려는 것이다. 그렇다면 피고 유지재단은 수령지체(혹은 수령거절)에 빠지고 결국 소유권이전등기의무를 이행하여야 한다.

류를 교부해 주지도 않고 잔금의 수령도 거절했지요.

그때 지윤결 목사가 잔금을 전액 주지 않으면 서류를 줄 수 없다고 말하면서 싸움이 났고 그래서 서류도 못 받고 수표도 주지 못했습니다.

25. 그래서 증인과 함께 갔던 지성이 화가 나서 "너무 하지 않느냐"고 하자 지윤결 옆에 있던 김라움은 "당신(지성)이 강지수에게 잔금을 빌려주지 않았다면 집도 내가 갖고, 계약금 18,000,000원도 내가 가지게 되어 깨끗이 끝날 일인데, 왜 돈을 빌려줬느냐"며 소리를 질렀지요.[53)]

예.

(갑제4호증을 제시하고)

26. 이 사실확인서는 2010. 2. 6. 이 사건 부동산의 잔금지급기일에 현장에 같이 있던 지성이 작성하고 날인한 것이지요.[54)]

지성씨가 작성했는지는 잘 모릅니다.

53) 직접 인용을 통해 수령지체 사실을 강조하고, 피고 유지재단 측이 부당하고 비윤리적인 거래를 하려고 했다는 점을 은근히 드러내어 소송을 유리하게 전개하려고 한다.

54) 피고 유지재단의 수령지체 사실을 강조하는 또 한 명의 목격자를 소개하며 그가 작성한 진술서의 진정성립을 주장하고 그 신빙성을 강조하고 있다.

2010가합300호

증인 나옥자 반대신문사항

(주신문 제2항과 관련하여)[55]

1. 강지수는 건물에 사랑교회가 들어오면서부터 2년 정도만 다녔으며, 2년여 동안에도 20차례 정도 예배에 참석하였을 정도였지요.[56]

예.

(주신문 제5항과 관련하여)

2. 강지수는 이 사건 부동산 1층에서 무단으로 거주하며 피고측에게 건물을 내어 놓으라고 생떼를 쓰고 있었지요.[57]

건물 1층 계단 밑에서 숙식을 하는 것은 맞습니다.

3. 지윤결이 확인서(갑제5호증)를 쓴 2009. 12. 17. 피고측은 이 사건 부동산 3층의 도배공사를 하고 있었는데 강지수가 현관문을 부수고 침입하여 난동을 부리므로 피고측이 경찰에 신고를 하자, 강지수가 급히 증인을 불러 들여 증인이 입회하게 되었을 뿐이지요.[58]

아까 말한 대로 강지수씨가 전화를 해서 간 것이고 그렇게 해서 입회를 했습니다.

---

55) 반대신문은 주신문에 나타난 사항과 이에 관련된 사항에 관하여 한다(민소규 92조 1항). 따라서 신문사항 상단에 관련 주신문 사항의 번호를 기재한다.

56) 강지수가 피고측과 그다지 친한 관계가 아닐 수 있다는 점을 강조하려는 신문사항이다.

57) 반소에 관한 신문사항, 즉 무단점유사실을 입증하려는 것이다.

58) 갑제5호증의 신빙성을 탄핵하는 질문이다.

(주신문 제7, 8항과 관련하여)

4. 강지수가 경찰에 연행이 되자 강지수의 아들 원고 김준서가 달려와 엄마를 살려 달라고 애원하면서 2010. 2. 6.까지 매매대금을 지급하지 못하면 김준서가 강지수를 업고서라도 건물에서 나가겠다고 하므로 피고측은 문제를 야기하지 않고 원만하게 처리하려는 생각에서 원고의 말을 믿고 확인서(갑제5호증)를 작성해 주었던 것이지요.[59]

김준서씨가 약속은 꼭 지킬테니 계약서를 작성하여 달라고 하자, 그럼 김준서씨 믿고 계약서 써 준다고 말하면서 계약서를 만든 것입니다. 경찰이 출동하기는 했는데 그냥 무마 되었습니다.

(주신문 제9, 10항 관련하여)

5. 이 사건 부동산 매매계약의 중도금지급을 피고 유지재단이 신한은행에 대하여 부담하는 근저당권채무를 원고가 인수하는 방식으로 하기로 한 약정을 원·피고 사이에 한 바는 없지요.[60]

그 내용은 잘 모르고 강지수씨로부터 그렇게 들은 적은 있습니다.

(을제2호증 제시)

6. 이 확인서는 김준서가 지윤걸에게 작성하여 준 것으로 매매와 관련한 행정절차는 원고가 책임지고 처리하겠다는 내용이지요.[61]

그 내용은 잘 모르고 등기이전 절차를 강지수씨 쪽에서 알아서 한다고 들었습니다.

(주신문 제11항부터 제15항 관련)

7. 원고가 매매대금을 마련하는 방식에 관하여 피고측과 의논을 하거나

---

59) 역시 갑제5호증의 신빙성을 탄핵하는 질문이다.

60) 원고가 매매계약의 이행과 관련하여 주되게 주장하는 채무인수에 관한 내용을 직접적으로 질문하고 있다. 이 물음에 대한 증인의 대답이 매우 중요한 포인트가 될 수 있다. 7항도 마찬가지다.

61) 매매과 관련한 행정적 절차의 이행책임이 원고에 있다는 점을 주장하고 있다.

합의한 내용은 전혀 없지요.

그 내용은 잘 모르겠습니다.

8. 주윤발 장로는 교회건물이 재산을 양도하기 위해서는 해당 교회 교인들로 구성되는 구역회의 승인결의와 피고 유지재단 이사회의 승인이 있어야 한다는 사실을 분명히 원고와 강지수에게 전달한 사실이 있지요.

그 내용은 잘 모르겠습니다. 주윤발 장로를 만났을 때 그런 말이 오고 간 것 같습니다.

9. 그래서 구역회의 승인과 이사회의 승인이 있어야 매매가 가능하다는 것은 증인도 알고 있는 사항이지요.[62)]

저는 잘 모릅니다.

10. 기타 필요한 신문사항.

62) 8항과 9항은 매매계약에 따라 이 사건 부동산의 소유권이 이전되기 위해서는 구역회와 피고 유지재단 이사회의 각 승인이 필요하다는 점을 부각시키고 있다. 향후 소송과정에서 원고는 이 점에 주효하게 대응하여야 한다.

Ⅵ. 서면공방의 재개

준 비 서 면[63)]

사 건 2010가합300 소유권이전등기청구(본소)
2010가합400 건물명도(반소)
원 고 김 준 서
피 고 재단법인 기독교 한국예수회유지재단

위 당사자간 귀원 2010가합300호 소유권이전등기 청구사건에 관하여 피고의 소송대리인은 다음과 같이 변론을 준비합니다.

다음

1. 이 사건 부동산 매매계약은 사랑교회 구역회의 승인과 피고 유지재단의 이사회 승인, 그리고 행정관청의 승인이 없어 무효입니다.

가. 피고 유지재단의 규정 및 관련 대법원 판례

이 사건 부동산은 피고 유지재단의 기본재산으로서 피고 유지재단에 소속된 개별 교회가 피고 유지재단의 기본재산인 **이 사건 부동산을 처분하기 위해서는 당해 교회의 구역회 승인과 피고 유지재단 이사회의 승인을 받아야 합니다**(을제4호증 헌법 제154단 제57조 제5항 규정 참조[64)]).

규정에 따르면 먼저, 당해 교회의 구역회(지방교리사가 회장)는 재적 과반수의 출석과 재적 2/3 이상의 찬성으로 의결(을제4호증 헌법 제294단 제31조 제6항 규정 참조)한 다음 기본재산처분전환(취득)신청서를 피고 유지재단에 제출해야만 하고, 재산처분 시 대체재산(처분대금은 전환재산취득비 또는 건축비로 사용)이 있어야 합니다.

기본재산처분신청서를 피고 유지재단이 접수하면, 피고 유지재단은 이사회를 소집하여 심사한 후 적법한 경우 재적이사 2/3의 찬성으로 의결(을제5호증 정관 제16조 제3호 참조)한 다음 주무 행정관청(문화체육관광부의 위임을 받은 서울특별시)의 허가(을제5호증 정관 제18조 제2항 참조, 을제3호증 서울특별시 공문)를 받아야 합니다.

한편, 개별 교회가 피고 유지재단에 편입등기한 부동산은 모두 피고 유지재단의 기본재산(을제5호증 정관 제17조 참조)이며 유지재단의 기본재산처분은 주무관청의 허가(대법원 1974. 6. 11. 선고 73다1975 판결 참조)를 받아야 합니다.

대법원 1974. 6. 11. 선고 73다1975 판결 【토지소유권이전등기】[65)]

재단법인의 기본재산의 처분은 결국 재단법인의 정관의 변경을 초래하므로 정관의 변경이 이루어지지 아니하면 재단의 기본재산에 관한 처분행위는 그 효력이 발생할 수 없다고 할 것이고, 정관의 변경은 주무관청의 허가를 얻지 아니하면 그 효력이 없는 것이므로 **주무관청의 허가가 없는 재단법인의 기본재산의 매매계약이나 교환계약은 그 효력이 발생할 여지가 없다**고 함이 본원의 판례이며(1969.2.18 선고 68다2323 판결, 1974.4.23 선고 73다544 판결) 이 경우에 채권계약과 물권계약을 갈라 물권계약으로서의 효력만 부인하고 채권계약으로서는 유효한 것이라 인정한다면 특단의 사정이 없는 한 주무부장관의 허가없는 기본재산의 처분을 금하는 법의 취지가 몰각되는 결과를 빚을 염려가 있으므로 소위 채권계약으로서도 그 효력이 유지될 수 없는 것이라 할 것이다.

나. 아무런 승인을 받은 바 없는 이 사건은 원고의 책임으로 이행불능에 빠졌습니다.[66)]

피고 유지재단 소속인 지윤걸 목사는 원고에게 피고 유지재단의 기본재산인 이 사건 부동산을 처분함에 있어서는 구역회의 승인, 피고 유지재단 이사회의 승인 및 주무관청의 허가는 물론 대체재산이 있어야만 처분이 가능하다는 사실을 고지하였습니다.

이에 원고는 매매계약서만 작성해 주면 실질적인 업무는 모두 원고가 처리하겠다고 하면서(을제2호증) 지윤걸을 여러모로 괴롭히므로 단순히 그런 취지의 매매계약서를 작성하여 교부한 것뿐입니다. 그런데 이 사건 부동산의 처분에는 구역회의 승인이 없었고, 대체재산이 없었으므로 피고 유지재단 이사회의 승인이나 주무관청의 허가를 받을 수 없었습니다. 이처럼 **원고는 자신이 처리할 수도 없는 절차를 처리하기로 하고 이 사건 매매계약을 체결한 후 매매계약에 따른 의무를 이행하지 못하고 있는 것이므로 결국 이 사건 매매계약은 원고의 책임 있는 사유로 이행불능이 되었습니다.**

2. 결론

이처럼 이 사건 매매계약은 원고가 관련 규정이 요구하는 승인절차를 전혀 거치지 못하였고 매매대금 또한 약정한 기일에 지급하지 못하였음이 분명하므로 결국 원고의 채무불이행으로 적법하게 해제되었습니다.

입 증 방 법67)

1. 을제3호증　　서울특별시 공문(기본재산 취득 및 담보제공 허가)
1. 을제4호증　　헌법
1. 을제5호증　　정관

2010. 6. .

피고의 소송대리인

변호사 나 승 소

변호사 무 패 소

춘천지방법원 제2민사부 귀중

을제3호증

정보통신망
100-744 서울특별시 중구 태평로1가 31번지
전화: (02)3707-9411 전송:(02)3707-9429
문화과과장: 나도열, 담당사무관: 유달수, 담당자: 조기린

서 울 특 별 시

문서번호 문화 86210-3871
시행일자 2008.12.04
공개여부 공개
받음 (재)기독교 한국예수회 유지재단 이사장

제목 정관변경(기본재산 취득 및 담보제공)허가

1. 법인정관변경허가신청(2008.12.4)과 관련입니다.
2. 귀 법인의 정관변경(기본재산 취득 및 담보제공)을 다음과 같이 허가합니다.

가. 정관변경(사랑교회)

1) 정관 "별지1" 기본재산 목록 중 다음 재산 추가 및 금융기관의 담보제공 내용 삽입

---

63) 기본재산의 처분에 필요한 절차상의 요건을 강조하여 제시하고 있다.

64) 서증의 내용 중 특정 부분을 더욱 강조하여 판사가 이를 쉽게 파악할 수 있도록 배려한다.

65) 준비서면에서 판례를 인용할 때는 이처럼 해당 판례를 별도의 문단으로 정리하여 제시하면서 요지에 밑줄을 그어 가독성을 높이기도 한다.

66) 앞서 피고 유지재단의 승인 등의 요건이 필요하다는 추상적인 이론을 설시하고 뒤이어 이 사건에서 그러한 절차를 거치지 아니하였다는 구체적인 사실을 주장하고 있다.

67) 각 을호증의 입증취지는 무엇이며 원고는 각 서증에 대하여 어떤 인부를 하여야 할까?

<table>
<tr><th>소재지</th><th>지번</th><th>지목</th><th>면적 및 건물내역</th><th>비고</th></tr>
<tr><td rowspan="2">춘천시효자동</td><td>123</td><td>대</td><td>244.6㎡</td><td rowspan="2">담보제공</td></tr>
<tr><td>위지상</td><td>(건물)</td><td>철근콘크리트조 슬래브지붕3층
소매점 및 사무실 및 주택 및 대중음식점
1층 123.30m^2
2층 121.86m^2
3층 121.86m^2
지하 121.86m^2</td></tr>
</table>

2) 담보제공 내용

가) 기채금액 : 금일억원

나) 담보제공은행 : 신한은행(춘천지점)

다) 대출기간 : 대출일로부터 10년 이내

나. 허가조건

1) 상기 재산 취득 및 금융기관의 담보제공 재산으로 허가하니, 이 허가일로부터 4개월 이내에 근저당이 설정된 등기부등본 및 사용내역서 각 1부를 첨부하여 결과보고하시기 바랍니다.

2) 상환 완료후에는 즉시 근저당 설정을 해지하고, 그 등기부등본 1부를 첨부하여 정관변경 허가(담보제공 내용삭제)를 신청하시기 바랍니다. 끝.

서 울 특 별 시 장

을제4호증

헌법[68]

2008년

68) 헌법이라는 하나로 된 일체의 문서 중 일부를 발췌하여 증거로 제출하고 있다.

기독교 한국예수회 유지재단

【153】 제56조(관리부의 조직) 관리부의 조직은 다음과 같다.
①당회는 해마다 3명 이상의 인원을 장로. 권사, 집사 중에서 택하여 관리부를 조직한다.
②관리부는 부장 1명과 서기 1명을 선출한다.
③서기는 관리부 부원의 명부를 작성 비치하고 회의시 마다 회의록을 정확히 작성하여 관리부장과 공동으로 서명한 후 이를 보관하여야 한다. 부원의 명부에는 부원의 성명과 주소, 부원으로 피선된 연, 월, 일, 그리고 퇴임한 연. 월, 일을 기입하여야 한다.
【154】 제57조(관리부의 직무) 관리부의 직무는 다음 각 항과 같다. 특히 관리부는 교회 재산관리의 중책을 맡았으므로 그 직무수행은 정확한 문서에 의하여 집행되어야 한다.
①교회가 소유하거나 관리하고 있는 부동산 및 동산의 목록을 작성하여 보관한다. 이 목록에는 부동산. 동산의 구분(부동산의 경우 소재, 지목, 지적 포함) 재산취득경위, 취득일자, 취득가액 둥이 기입되어야 한다. 그리고 재단법인 한국예수회 유지재단에 편입 등기된 일자 등을 정확히 기입하여야 한다.
②교회가 부동산을 취득하였을 때는 6개월 이내에 유지재단에 등기한다.
③교회가 소유하거나 유지재단으로부터 수탁 관리 중에 있는 부동산을 사용목적에 따라 관리 보존하고 재산을 효율적으로 관리한다.
④교회 예배당, 부속 건물 그리고 교회비품을 수리하고 보존한다.
⑤교회가 유지재단으로부터 수탁 관리 중에 있는 부동산 또는 유지재단에 편입, 등기되지 아니한 부동산을 매도하거나 판매, 무상양여, 신축 또는 증개축, 철거. 훼손 및 목적을 변경하고자 할 경우에는 서면으로 그 사유를 기재한 제안서를 **구역회에 제출하여 승인**을 얻은 다음 소정의 서식에 따라 **재단법인 기독교 한국예수회 유지재단 이사회의 허가**를 받아야 한다. 그 계획을 변경하고자 할 경우에도 또한 이와 같다.[69]
⑥ 교회 의 비품을 매매하고자 할 경우에는 임원회의 승인을 받아야 한

69) 서증의 내용 중 중요한 부분에는 밑줄을 긋거나 형광펜 등으로 표시하여 판사가 요지를 읽기 쉽도록 배려한다.

다.
⑦ 관리부장은 교회가 보존 관리하고 있는 부동산의 개황을 기재한 재산 목록과 변동사항 등을 명시한 관리상태를 당회와 구역회에 보고한다.
⑧교회에서 보존 관리 중에 있는 건물과 비품 중 특별히 관리해야 할 건물과 비품은 임원회의 승인을 받아 각종 보험에 가입하고 그 결과를 당회, 구역회, 지방회, 한국예수회 유지재단에 각각 보고한다.

제 3 장 구역회

제 1 절 구역회

【288】 제25조(구역회) 구역 안에 구역회를 둔다.
【289】 제25조(구역회의 구성) 구역회는 개체교회 1개처 이상, 입교인 15명 이상이 있고 담임자의 생활비와 각 부담금을 납부할 수 있어야 구성된다.
【290】 제27조(구역회의 구분 및 소집) 구역회는 정기구역회와 임시구역회로 구분한다.
①정기구역회는 매년 12월, 1월 중에 교리사가 소집한다.
②구역회원 2/3이상의 요청이 있을 때 교리사가 소집한다.
③구역회 개최 일시와 장소는 교리사가 담임자와 협의하여 정하되 1주일 전에 지면으로 공고하여야 한다.
【291】 제28조(구역회의 조직) 구역회의 회원은 다음 각 항과 같다.
①목사, 전도사, 교육사, 심방전도사
②장로, 권사, 속장
③선교부장, 교육부장, 사회봉사부장. 문화부장, 재무부장. 관리부장
④남선교회 회장대표, 여선교회 회장대표, 청장년선교회 회장대표, 청년회 회장대표, 교회학교 교장, 당회서기. 감사
⑤구역에 소속한 교역자 회원
【292】 제29조(구역회의 의장) 구역회 의장은 교리사가 된다. 단, 교리사의 위임이 있을 경우 담임자가 의장이 될 수 있다. 교리사 유고시에는 소속 지방회 회장이 구역회를 주재할 수 있다.
【293】 제30조(구역회 서기) 구역회에 서기 1명을 두며 당회 서기가 겸임한다. 구역회 서기는 구역회 회의록을 작성하고 담임자에게 제출하여 보관하게 한다.

【294】 제31조(구역회의 직무) 구역회의 직무는 다음 각 항과 같다.

①구역회는 담임자와 모든 임원들의 보고를 받는다.

②구역회는 구역 안의 신령상 정황을 조사한다.

③구역회는 전년도 수입지출 결산을 보고받고 신년도 예산을 확정하며 각종 부담금과 기타 헌금의 수지된 것을 사문한다.

④구역회는 지방회 대표를 선출한다.

⑤ 구역회는 임원(목사, 전도사, 장로 제외)에 대한 고소사건을 재판하기 위해 담임자의 추천으로 심사위원 3명과 재판위원 5명을 교리사가 임명한다. 단, 구역회가 닫힌 후에는 담임자가 기획위원회와 협의하여 교리사에게 추천하여 임명하도록 한다.

⑥ 구역회는 개체교회의 예배당, 주택, 기타 교회에 속한 부동산의 구입과 매매, 임대차 및 유지재단 편입에 대한 사무를 조사 처리한다. 매매의 경우에는 구역회에서 재적 과반수의 출석과 재석 2/3이상의 찬성으로 의결한다.

을제5호증

定 款[70]

2008년

70) 정관의 내용을 살펴보면, 기본재산의 의미와 이를 처분할 때 필요한 절차에 관한 사항을 알 수 있다.

기독교 한국예수회 유지재단

재단법인 기독교 한국예수회 유지재단 정관

제 1 장 총 칙

제1조 (명칭) 본 법인은 재단법인 기독교 한국예수회 유지재단이라 칭한다.

제2조 (소재지) 본 법인의 사무소는 서울특별시 서초구 서초동 123에 둔다.

제3조 (목적) 본 법인은 기독교 한국예수회에 속한 모든 교회와 이 교회에서 경영하는 전도, 교육, 구호와 보육시설, 기타 사회교화 봉사사업을 위하여 필요한 토지 건물과 설비품을 소유 관리하며 필요한 재산을 공급함을 목적으로 한다.

제4조 (사업) 본 법인의 목적을 이루기 위하여 아래와 같은 사업을 행한다.

1. 전도, 교육, 구호를 위한 사업
2. 국민정신 계발과 사회 개발에 관한 사업
3. 사회교화 및 봉사에 관한 사업
4. 개체교회에서 경영하는 보육시설, 유치원 사업
5. 효도 앙양과 조상 존중사상을 함양하기 위한 분묘지 사업
6. 본 법인의 목적과 사업을 위하여 필요한 재정 염출을 하기 위한 수익사업
7. 기타 필요한 부대사업

제 2 장 임 원

제5조 (임원) 본 법인에 다음의 임원을 둔다.

1. 이사장 1명
2. 이사 18명
3. 감사 2명

제6조 (선출) 생략

제7조 (임기) 이사 및 감사의 임기는 2년으로 한다.

제8조 (보선) 생략

제9조 (이사장) ① 이사장은 본 법인을 대표하고 이사회를 소집하여 그 회의 의장이 되며 기타 이사회에 관한 모든 사무를 처리한다.

다만, 이사 대표권 제한규정에 의하여 이사장 이외는 대표권이 없다.

② 이사장은 직권상 기독교 한국예수회 감독회장이 취임한다.

제10조 (이사) 이사는 이사회에 출석하여 법인의 업무에 관한 사항을 의결하며. 이사회 또는 이사장으로부터 위임받은 사항을 처리한다.

제11조 (감사) ① 감사는 어느 때든지 재산 상황과 이사회의 운영 및 그 업무상황을 감사한다.

② 제1항의 감사결과 부정 또는 부당한 점이 발견되었을 때에는 이사회에 그 시정을 요구하고 문화관광부장관에게 보고한다.

③ 제2항의 보고를 하기 위하여 필요한 때에는 이사회의 소집을 요구할 수 있다.

④ 감사는 법인의 재산 상황 또는 이사회의 운영과 그 업무에 관한 사항에 대하여 이사회에 출석하여 의견을 진술할 수 있다.

제12조 (해임) 임원으로서 그 직무에 성실하지 못하며 본 법인의 명예를 훼손하는 행위와 재산상 손해를 초래하는 행위가 있을 때에는 이사회 결의로 해임한다.

제 3 장 이 사 회

제13조 (구성) 이사회는 이사장과 이사로 구분한다.

제14조 (소집) ① 이사회는 정기와 임시로 구분한다.

②정기 이사회는 연 2회로 상반기는 3월, 하반기는 9월에 소집한다.

③ 임시 이사회는 이사장 또는 재적이사 3분의 1 이상의 요청에 의하여 이사장이 소집한다.

제15조 (부의사항) ① 이사회가 처결할 회무는 아래와 같다.

1. 사업계획과 운영
2. 예산 및 결산 심의
3. <u>**정관변경 및 법인 해산**</u>
4. 임원 선출 및 해임

5. 재산의 관리, 처분, 취득, 기채, 교환
6. 업무진행
7. 정관에 의하여 그 권한에 속하는 사항
8. 이사장이 부의하는 사항

② 이사회는 소집일 일주일 전에 이사장이 이사에게 통지하고 결의할 안건을 명시한다.

제16조 (정족수) 이사회 정족수는 아래와 같다.

1. 이사회는 재적이사 과반수의 출석으로 개회한다.
2. 권리포기, 의무부담, 정관 변경은 재적이사 3분의 2 이상의 찬성으로 의결한다.
3. 기본재산의 처분, 교환 및 기채는 재적이사 3 분의 2 이상의 찬성으로 의결한다.
4. 법인 해산은 재적이사 전원 찬성으로 의결한다.
5. 기타 사항은 재적이사 과반수의 찬성으로 의결한다.

제 4 장 재 정

제17조 (재산) ① 본 법인의 재산은 기본재산과 보통재산으로 구분하고 기본재산은 아래와 같으며 그 목록은 "별지1"과 같다.

1. 이사회에서 기본재산으로 정한 부동산
2. 본 법인의 목적을 이루기 위하여 장래에 본 법인에 기부되는 재산
3. 본 법인의 소유재산으로 생기는 재산과 특별한 목적과 조건에 따라 기부되는 재산

② 보통재산은 기본재산이외의 재산으로 한다.

③ 기본재산은 연 1회 그 목록을 작성하여 문화관광부장관에게 보고한다.

제18조 (재산의 관리)

① 기본재산은 필요에 따라 수익용, 종교용, 교육용, 분묘지용, 봉사용 등 사업목적에 따라 분류하여 사용한다.

② 기본재산을 처분(매도, 증여, 교환)하고자 할 때에는 제28조의 규정에 의한 정관변경 허가의 절차를 거쳐야 한다.

제 5 장 사 무 국

생략

제 6 장 보 칙

제28조 (정관개정) 본 정관의 개정은 이사회의 의결을 거쳐 입법의회에서 결의한 후 문화관광부장관의 허가를 받는다. 다만, 제18조 제2항의 경우에는 입법의회 결의는 받지 아니한다.

사 실 조 회 신 청

사 건: 2010가합300호 소유권이전등기절차이행
원 고: 김 준 서
피 고: 재단법인 기독교 한국예수회유지재단

귀원 위 사건에 관하여 원고 소송대리인은 그 주장사실을 입증하기 위하여 다음과 같이 사실조회를 신청합니다.

다 음

1. 사실조회할 곳
서울특별시장:
주소: 서울 중구 서소문동 37번지 문화과 (우:110-703)

2. 사실조회할 사항: 별지기재와 같습니다.

2010. 6. .
원고 소송대리인
변호사 명 변 론

춘천지방법원 민사합의부 귀중

별지

사 실 조 회 할 사 항[71]

1. 아래 목록기재 각 부동산에 관하여 재단법인 기독교 한국예수회 유지재단으로부터 기본재산으로 보고받은 적이 있는지[72]

2. 만약 보고받은 적이 있다면 그 시기는 언제인지

3. 위 조회사항과 관련된 자료가 보관되어 있으면 그 사본을 송부하여 주십시오.[73]

부동산 목록

1. 강원도 춘천시 효자동 123 대 244.6평방미터
   위 지상 철근콘크리트조슬래브지붕 3층
   1층 (소매점, 근린생활시설) 131.94평방미터
   2층 (사무실) 121.86평방미터
   3층 (주　택) 121.86평방미터
   지하 (대중음식점) 121.86평방미터 끝.

---

71) 사실조회 사항은 보통 별지로 작성하여 첨부한다.

72) 원고는 이 사건 부동산이 피고 유지재단의 기본재산인지 여부를 사실조회를 통해 정확하게 확인하고자 한다. 만일 그렇다면 원고는 소송방향을 새로 정할 필요가 있다.

73) 사실조회를 신청하고 있으나 문서송부촉탁도 겸하고 있다.

서 울 특 별 시

정보통신망
100-744 서울특별시 중구 서소문동 37번지
전화: (02) 3707-9414 전송: (02)3707-9429
문화과과장: 나도열, 담당사무관: 유달수, 담당자: 조기린

문서번호 문화86210-5012
시행일자 2010. 07. 02
공개여부 공개
받음 춘천지방법원장 (제2민사부)

제목 사실조회 회보

1. 사건 2010가합 300호 소유권이전등기절차이행과 관련입니다.
2. 귀 원에서 상기 사건과 관련하여 우리시에 사실조회서를 송부하여 아래와 같이 회신하오니, 참고하시기 바랍니다.

가. 사실조회서 및 회신 내용
o 강원도 춘천시 효자동 123번지 토지 및 지상 건물에 관하여 재단법인 기독교 한국예수회 유지재단으로부터 기본재산으로 보고 받은 적이 있는 지?
o 만약 보고 받은 적이 있다면 그 시기는 언제인지?

답변) 재단으로부터 법인정관변경 허가신청서(2008. 11. 29.)를 접수하여 문화86210-3871호에 의거 정관변경(기본재산 취득 및 담보제공) 허가 처리함.
o 위 조회사항과 관련된 자료가 보관되어 있으면 그 사본을 송부하여 주시기 바랍니다.
답변) 별첨 참조(정관변경 허가서. 허가신청서. 정관변경 사유서. 이사회회의록. 대출가능 확인서. 매매계약서. 승인결과 보고서)
첨부 : 관련자료 사본 1부. 끝.

서 울 특 별 시 장

문 서 인 증 등 본 교 부 촉 탁 신 청

사 건: 2010가합300호 소유권이전등기절차이행
원 고: 김 준 서
피 고: 재단법인 기독교 한국예수회 유지재단

귀원 위 사건에 관하여 원고 소송대리인은 다음과 같이 문서인증 등본교부를 받고자 하오니 촉탁하여 주시기 바랍니다.

다 음

1. 송부촉탁할 장소
   춘천지방검찰청

2. 송부촉탁할 기록의 표시
   춘천지방검찰청 2010형제5000호 피의자 강지수, 김준식에 대한 기록일체 중 문서송부촉탁신청인 또는 그 대리인이 문서를 열람한 후 지정하는 부분의 인증등본 1통.[74]

2010. 7. 18
원고의 소송대리인
변호사 명 변 론

춘천지방법원 민사합의부 귀중

74) 인증등본은 신청인이 필요한 부분을 지정하고, 지정한 부분만 법원에 송부한다.

준 비 서 면

사 건: 2010가합300호 소유권이전등기
원 고: 김 준 서
피 고: 재단법인 기독교 한국예수회유지재단

귀원 위 사건에 관하여 원고 소송대리인은 다음과 같이 변론을 준비합니다.

다 음

이 사건 부동산은 당초 원고의 어머니인 강지수의 소유로서 강지수가 이 사건 부동산을 신축하게 된 경위나, 이후 이 사건 부동산에 관하여 경매가 이뤄져 피고측으로 소유권이 이전된 경위에 대하여는 이미 충분히 주장·입증한 바 있습니다.

이런 사정 아래에서 원고와 지윤걸 목사는 이 사건 부동산의 소유권을 이전하기 위하여 지윤걸 목사가 하여야 하는 최소한의 이행사항, 즉 소유권이전을 위한 사유서작성 및 신청서상의 날인, 인감증명서발급, 구역회의 승인에 관하여 수차례 확인한 바 있었고 원고의 사정을 잘 아는 지윤걸 목사도 그러한 사항을 이행하겠다는 취지를 몇 번이고 확인했습니다. 지윤걸 목사와 교인들에게 필요한 것은 교회를 운영하기 위한 최소한의 건물이지 이 사건 부동산 전체가 아닙니다.

그런데 지금에 와서 피고는 이 사건 부동산의 처분에 구역회의 승인이 없었고 대체재산이 없었으므로 유지재단 이사회의 승인이나 주무관청의 허가가 있을 수 없는 것인데도, 이런 절차를 원고가 알아서 처리하겠다고 하면서 이 사건 매매계약을 체결하였으므로 이 사건 매매계약은 원고의 책임 있는 사유로 이해불능이 되었다고 주장합니다.

그러나 이 사건 매매계약의 이행을 위하여 필요한 앞서 언급한 여러 가지 절차는 모두 피고측의 협력이 필요한 것이지 근본적으로 원고가 어찌 할 수 있는 사항이 아닙니다. 원고가 알아서 하기로 하였다는 주장은 일반적인 거래의 경험칙에 어긋나는 주장입니다.[75] 피고 유지재단의 담당자인 주윤발 장로도 지윤걸 목사가 협조하면 지금이라도 소유권이전등기가 충분히 가능하다는 의견을 준 바 있습니다.

따라서 사실상 이 사건 부동산의 소유자인 지윤걸 목사는 원고에 대하여 이사회의 결의나 주무환청의 허가절차를 밟기 위하여 소유권이전을 위한 사유서작성 및 신청서상의 날인, 인감증명서 발급, 구역회의 승인을 위한 절차 이행 등 최소한의 의무를 선이행하여야 합니다.[76]

결국 피고의 이 사건 매매계약 해지는 원고에게 이전등기에 필요한 서류를 교부하여야 할 피고 자신의 의무에 대한 제공이 없이 이루어진 것이므로 그 효력이 없다 할 것이므로 이 사건 매매계약은 여전히 유효합니다.

2010. 7.19.
원고 소송대리인
변호사 명 변 론

춘천지방법원 제2 민사부 귀중

---

75) 이 사건 부동산이 피고 유지재단의 기본재산임이 분명하여 지면서 원고는 그 처분에 있어 필요한 행정적 절차가 원고의 노력만으로는 이행될 수 없는 절차라는 점을 강조하고 있다.

76) 이 사건 부동산의 처분을 위해 필요한 행정적 절차가 피고 유지재단측이 이행하여야 할 의무, 특히 선이행의무라는 논리를 펴고 있다. 이에

준 비 서 면

사 건 2010가합300호 소유권이전등기청구(본소)
2010가합400호 건물명도(반소)
원 고 김 준 서
피 고 재단법인 기독교 한국예수회유지재단

위 당사자간 귀원 2010가합300호 및 400호 사건에 관하여 피고의 소송대리인은 다음과 같이 변론을 준비합니다.

다 음

1. 이 사건 부동산 매매계약은 강박에 의한 의사표시로 체결된 것으로 피고는 매매계약을 취소합니다.

을제6호증 및 제7호증 각 공소장의 공소사실에서 보는 바와 같이 원고의 모 강지수는 피고 유지재단 소속 사랑교회 담임목사인 지윤걸의 업무를 방해하고 폭행을 행사하였고 이에 지윤걸은 폭행, 욕설, 괴롭힘에 어쩔 수 없이 이 사건 부동산의 매매계약을 체결하였는바, 이 사건 부동산의 매매계약은 강박에 의한 의사표시로서 체결된 것이므로 피고 유지재단은 매매계약을 취소합니다.[77)]

2. 구역회 의결 결과, 이 사건 부동산은 원고에게 매도하지 않기로 하였으므로 결국 이 사건 매매계약은 효력이 없습니다.

이 사건 부동산은 피고 유지재단의 기본재산으로서 개체교회가 피고 유지재단의 기본재산인 이 사건 부동산을 처분하기 위해서는 당해 교회의 구역회 승인을 받은 다음 피고 유지재단 이사회의 허가를 받아야 하고, 당해 교회의 구역회는 재적 과반수의 출석과 재적 2/3 이상의 찬성으로 의결해야 한다는 점에 관하여는 이전 준비서면에서 주장한 바와 같습니다.

그런데 피고 유지재산 산하 사랑교회는 입교인이 15인 이상으로서 위 교회의 담임자인 목사 지윤걸은 구역회 의장인 함찬양 의장으로부터 위임을 받아 구역회를 소집하여 구역회 회원 전원(지윤걸, 박순경, 어옥음, 리옥춘, 이혜미, 홍표진, 이섭춘, 고수옥)이 참석한 가운데 이 사건 부동산의 처분과 관련한 찬반 결의를 한 결과 재적의원 전원의 반대로 이 사건 부동산 처분 건이 부결되었습니다(을제8호증의1, 2 각 참조). 따라서 이 사건 부동산의 처분은 구역회의 의결에서 부결된 것이어서 피고 유지재단 이사회의 허가 및 주무관청의 허가를 받을 필요도 없이 처분이 불가능하게 되었습니다.[78]

입 증 방 법

1. 을제 6, 7호증 각 공소장
1. 을제 8호증의 1 구역회위임장
1. 을제 8호증의 2 구역회회의록

2010. 11. 20
피고의 소송대리인
변호사 나 승 소
변호사 무 패 소

춘천지방법원 제2민사부 귀중

따라 피고 유지재단이 그와 같은 의무를 이행하지 않은 채 매매계약을 해제할 수 없다는 점을 강조하고 있다.

77) 피고측은 매매계약을 해제하고자 강박에 의한 계약체결로서 이를 취소한다는 새로운 주장을 하고 있다. 피고측이 제출한 증거만으로 강박에 의한 계약의 취소가 인정될 수 있을까?

78) 종전 주장과 다소 취지를 달리하여 절차상의 요건을 갖추지 못한 이 사건 매매계약이 애초부터 전부 무효라는 취지의 주장을 하고 있다. 계

을제6호증

춘 천 지 방 검 찰 청

2010형제 5011 호 2010. 7. 31.

수 신 춘 천 지 방 법 원 장 발 신 춘 천 지 방 검 찰 청

제 목 공 소 장 검 사 강 정 의 (인)

아래와 같이 공소를 제기하여 약식명령을 청구합니다.

<table>
<tr><td rowspan="4">피고인</td><td></td><td>김 준 식</td><td>직업</td><td>회 사 원</td></tr>
<tr><td>주민등록번호</td><td colspan="3">671231-1234567 (42세)</td></tr>
<tr><td>주 거</td><td colspan="3">춘천시 석사동 소나타아파트 103-1301</td></tr>
<tr><td>등록기준지</td><td colspan="3">강원 횡성군 서면 막곡리</td></tr>
<tr><td>죄명</td><td colspan="4">폭 행</td></tr>
<tr><td>공소사실</td><td colspan="4">별지 범죄사실과 같음</td></tr>
<tr><td>적용법조</td><td>형법 제260조 제1항. 제37조. 제38조.</td><td colspan="2">의견</td><td>벌 금 300,000(삼십만)
과 료
몰 수
추징금</td></tr>
<tr><td>변호인</td><td colspan="4"></td></tr>
<tr><td>첨부</td><td colspan="4"></td></tr>
</table>

약이 무효라면 원상회복의 문제만 남는다.

공 소 사 실

피고인은 회사원인바

2010. 3. 1. 15:00경 춘천시 효자동 123 소재 피해자 지윤걸(47세)의 건물 앞 노상에서 피해자가 피고인의 어머니인 강지수와 말싸움을 하며 다투고 있다는 이유로 양손으로 위 지윤걸의 처인 피해자 김라움(여, 43세)의 어깨를 잡아 세게 밀쳐 바닥에 넘어뜨리고, 주먹으로 위 지윤걸의 가슴부위를 2,3회 때려 위 김라움, 지윤걸에게 각 폭행을 가한 것이다.

을제7호증

춘 천 지 방 검 찰 청

2010형제 5011호 2010. 7. 31.
수 신 춘 천 지 방 법 원 장 발 신 춘 천 지 방 검 찰 청
제 목 공 소 장 검 사 강 정 의 (인)
아래와 같이 공소를 제기합니다.

피고인	성 명	강지수
	주민등록번호	461010-2123456 (63세)
	직 업	무직
	주 거	춘천시 효자동 123
	등록기준지	강원 횡성군 서면 막곡리
죄명	가. 주거침입 나. 업무방해 다. 폭행 라. 협박[79]	
공소사실	별지와 같음	
적용법조	형법 제319조 제1항. 제314조 제1항. 제260조 제1항. 제283조 제1항. 제37조. 제38조.	
신병	불구속	
변호인		
첨부		

79) 검사는 폭력행위 등 처벌에 관한 법률을 적용하지 않고 있다. 왜 그랬을까?

공 소 사 실

피고인은 일정한 직업이 없는 자인바,

피고인 소유였던 춘천시 효자동 123 소재 건물 2층을 피해자 지윤결(47세)이 임대차보증금 4,000만원에 임차하여 교회를 운영하던 중, 동건물이 2007. 9. 29. 주식회사 춘천상호신용금고에 경매로 소유권이 이전되어 임대차보증금을 회수하기 어렵게 되자 위 상호신용금고로부터 동 건물을 금 1억 8,000만원에 매수하기로 하고 2008. 12. 14.에 위 교회가 소속된 재단인 기독교 한국예수회 유지재단 명의로 소유권이전등기를 경료하게 되었는바, 피해자에게 위 건물을 다시 피고인에게 매도할 것을 요구하였으나, 피해자가 이에 응하지 않자 불만을 품고,

1. 2009. 12. 13. 10:00경 위 건물 3층에서 피해자로부터 도배를 하여 달라는 요청을 받은 도배공 3명이 위 건물 3층 벽면 등을 도배하기 위해 도배지를 자르고 있는데 피고인이 사이다병에 석유를 담아들고 들어와 "도배를 하면 죽여버린다"고 소리를 지르며 도배를 하지 못하게 하여 위력으로 피해자의 건물수리업무를 방해하고,

2. 같은 달 28. 16:40경 같은 장소에서 피해자가 건물등기이전에 필요한 서류를 주지 않는다는 이유로 피해자의 멱살을 잡아 흔들어 피해자에게 폭행을 가하고,

3. 2010. 3. 1. 10:00경 위 건물 3층 보일러수리를 위해 찾아온 위 지성룡에게 "내 집에 손을 대지 못한다."고 하면서 마포걸레자루를 잡고 흔들어 피해자의 건물수리업무를 방해하고, 계속하여 피해자에게 "너는 내가 죽여버릴꺼야"라고 소리를 지르는 등 마치 피해자의 생명, 신체에 어떠한 위해를 가할 듯한 태도를 보여 피해자를 협박한 것이다.

을제8호증

구 역 회 위 임 장

소 속 : 기독교 한국예수회
교 회 : 사랑교회
이 름 : 지 윤 걸　　　　　직 위 : 목 사

위 사람에게 기독교 한국예수회 "사랑 교회 건물 소유권 이전등기 절차 이행을 위한 건" 에 관한 구역회를 위임함

2010. 9. 12.

기독교 한국예수회 강원지방 교리사 함 찬 양

을제9호증

구역회 회의록

□ 일시: 2010년 9월 15일 오후 2시
□ 장소: 사랑교회 예배당
□ 구역회원
함찬양 교리사. 지윤걸 목사(담임목사). 박순경 권사(선교부장. 3속 속장). 어옥음 집사(교육부장). 리옥춘 권사(재무부장. 2속 속장). 이혜미 집사(관리부장). 홍표진 집사(4속 속장). 이섭춘 권사(5속 속장). 고수옥 속장(1속).

□ 출석회원: 전원참석. 함찬양 교리사(의장의 권한을 담임목사에게 위임함)
□ 안건: "교회 건물 소유권 이전등기 절차 이행을 위한 건"

1. 서기선출
구역회의 기록을 위해 서기를 선택하고자 의견을 물으니 리옥춘 권사로 하자는 동의가 가납되어 리옥춘 권사가 서기로 선출되다.
2. 안건설명 - 담임목사 : 지윤걸
그동안 교회 건물의 전전 소유주 강지수 가족 측에서 계속적으로 괴롭히고 방해를 해 왔습니다. 오늘 모인 구역회는 지난 2월 7일 담임목사가 강지수의 아들 김준서와 교회 건물 매매계약서를 작성해 준 사실이 있는데, 그 이유는 목사가정이 강지수 가족측으로부터 온갖 모욕과 폭언 등으로 괴롭힘을 당하던 중 2010년 1월 6일에 이웃 사람까지 함께 데리고 와서 자신들이 건물을 되찾을 방법을 마련해 놓았으니 목사의 양심으로 한번만 더 기회를 달라고 억지를 부리며 계약서를 작성해 줄 것을 요청하였습니다. 이때에 이미 강지수 가족측은 재단사무국에 몇 차례 방문하여 소유권이전 절차가 불가능한 것을 재단사무국의 설명으로 충분히 알고 있었으면서 담임목사의 임시 거처인 유아실을 찾아와 아내와 어린 자녀들이 다 있는 곳에서 목사 양심을 운운하며 3~4일간 집요하게 괴롭히면서 계약서를 써줄 것을 요청하였습니다. 이에 담임목사는 이미 교회 건물은 재단사무국에 편입되어있어서 담임목사로서는 도저히 매매가 불가능하다고 하였으나 강지수의 큰 아들 김준식으로부터 자신들의 방법대로 소유권 이전을 위해서 노력하다가 안 되면 자신의 어머니인 강지수를 강제로 등에 업고라도 나가줄 것이며 교회 건물 대문 앞에 무단으로 적치한 짐을 확실하게 치워줄 것을 분명히 약속하면서 한번만 더 기회를 줄 것을 강요하여 문제를 큰 마찰 없이 해결하는 방법이라고 생각하여 매매계약서를 작성하였습니다. 그러나 매매계약을 작성한 다음날부터 태도를 180도 돌변하여 지금까지 괴롭히고 있습니다. 그러므로 이번 회의를 통하여 소유권 이전에 대한 절차를 위해 구역회 결의가 필요하므로 이번 구역회를 소집하였습니다. 구역회의 회원 여러분이 이 문제에 대하여 어떻게 할 것인지를 의결하여야 됩니다. 의견을 말씀해 주십시오.

3. 회부진행

① 박순경 회원이 의장으로부터 발언권을 얻어
"그동안 교회 건물로 인하여 수년간 가슴앓이를 해왔고 급기야 경매가 넘어가게 되어 교회가 길거리로 나가 앉게 되었을 때 온 성도들이 어렵게 헌금에 참여하여 교회 건물을 울며 겨자 먹기로 떠안게 된 것을 여러분이 이미 아십니다. 더군다나 예약직후 여러 가지로 시달리게 되어 잔금 치루기 전에 이미 강지수 측에게 기회를 주었으나 강지수 측에서 능력이 없어서 건물을 매입하지 못했고 우리는 이 건물을 부당하게 취득한 것이 절대 아니므로 건물을 지켜야 합니다."라는 의견을 말하다.

② 이혜미 회원이 의장으로부터 발언권을 얻어
"강제든 아니든 이미 목사님께서 매매계약서를 작성 하였으므로 소유권 이전을 위한 서류를 해 주어야 하는 것으로 알고 있지만 현실적으로 건물도 어렵게 떠맡은 상황인데 더군다나 대체재산이 없으므로 매도할 수 있는 조건이 전혀 불가능한 상황입니다. 이 책임은 목사님께서 유지재단에 편입되어 매매가 불가능하다고 설명하였어도 강지수 측에서 한번만 기회를 달라고 강청하며, 법적으로는 책임추궁을 하지 않겠다고 해놓고도 이의를 제기한 강지수 측에 있다고 봅니다. 그러므로 우리 교회 측에서는 어떤 책임도 질 필요가 없다고 봅니다."

③ 고수옥 회원이 발언권을 얻어
"지금까지 전전 건물주 강지수 측으로부터 전세 보증금 4,000만원도 건

물이 경매에 넘어가 손해를 보았고, 우리교회가 어쩔 수 없는 상황에서 성도들이 최선을 다하여 헌금하여 건물을 소유하게 되었으며, 강지수 측이 교회 건물에 쌓아둔 짐과 개인의 불법적인 행동으로 본 피해가 얼마나 큽니까? 건물을 관리할 능력도 없어서 피해를 입혀놓고 담임목사를 괴롭혀서 법적으로 불가능한 것을 알면서 매매계약서만 써 달라고 한 사람들이 적반하장 격으로 교회를 고소하여 괴롭히는 행동을 하고 있으므로 교회 건물 매매에 관한 건에 있어서 우리 교회는 절대로 건물을 매매할 수 없습니다."

④ 의장이 의견을 종합하여 결의하고자 동의해 줄 것을 요청하므로
고수옥 회원이 교회 건물 매매에 관한 것은 절대로 매매가 불가함을 동의하자 리옥춘 회원이 재청하여 결의안이 상정되다.

⑤ 결의사항
의장이 다른 의견을 물었으나 없다고 하여 고수옥 회원이 상정한 결의안을 놓고 가부를 물으니 모든 회원이 교회건물매매에 관한 건을 절대로 매매가 불가함을 만장일치로 결의하다.

4. 폐회
담임목사가 오후 3시 기도하고 폐회하다.

2010년 9월 15일

기독교 한국예수회 사랑교회

구역회 의장 : 지 윤 걸 (인)
서 기 : 리 옥 춘 (인)
회 원 : 박 순 경 (인)
어 옥 음 (인)
리 옥 춘 (인)
홍 표 진 (인)
이 섭 춘 (인)
고 수 옥 (인)

청구취지 및 청구원인변경 신청

사 건: 2010가합300호 소유권이전등기절차이행
원 고: 김 준 서
피 고: 재단법인 기독교 한국예수회유지재단

귀원 위 사건에 관하여 원고 소송대리인은 다음과 같이 청구취지 및 청구원인의 변경을 신청합니다.

변경된 청구취지

주위적으로
1. 피고는 원고에게 별지 목록 기재 부동산에 관하여 2010. 1. 6. 매매를 원인으로 한 소유권이전등기절차를 이행하라.
2. 소송비용은 피고의 부담으로 한다.

예비적으로
1. 피고는 원고에게 금36,000,000원 및 위 금원에 대해여 판결선고일로부터 완제일까지 연 2할의 비율에 의한 금원을 지급하라.[80)]
2. 소송비용은 피고의 부담으로 한다.
라는 재판을 구합니다.

변경된 청구원인

1. 주위적인 청구원인은 이전의 청구원인 사실을 그대로 원용합니다.

2. 예비적 청구취지에 관하여

이 사건 부동산이 가사 피고 유지재단의 기본재산이라 하더라도 이 사건 계약은 주무관청의 허가를 받는데, 피고가 협조하기로 하고 이루어진 것 입니다(갑제10호증 참조).

그러나 피고 유지재단은 이 사건 부동산의 처분에 관한 주무관청의 허가를 받아주려는 어떠한 노력도 하지 아니하고 도리어 이 사건 소송이 진행되는 과정에서 구역회의를 열어 이 사건 부동산 처분 건을 부결시켰습니다. 이는 피고 유지재단이 이 사건 계약의무에 포함되어 있는 주무관청허가를 받기위해 요구되는 제반행위를 하지 아니한 채무불이행입니다. 위 구역회의 결정은 사실상 지윤걸이 이 사건 계약이행의사가 없음을 자인하는 것이라 할 것입니다.

피고 유지재단은 이 사건 매매계약상 의무를 위반하였으므로 이 사건 매매계약 제6조에 따라 원고에게 이미 지급받은 계약금의 배액을 반환하여야 할 것이고, 만약 피고 유지재단의 주장대로 이 사건 계약이 무효라면 피고 유지재단은 원고로부터 지급받은 계약금을 반환하여야 할 것입니다.

이에 원고는 이 사건 청구에 예비적 청구취지를 추가하고자 합니다.

2011. 1. 15.

원고 소송대리인

변호사 명 변 론

춘천지방법원 민사 합의부 귀중

80) 원고는 이 사건 부동산에 대한 소유권이전등기가 이행불능인 경우에는 원고가 피고 유지재단에게 지급한 계약금의 배액을 지급하여야 한다는 주장을 하고 있다.

서 증 자 료 제 출

사 건: 2010가합300호 소유권이전등기절차이행
원 고: 김 준 서
피 고: 재단법인 기독교 한국예수회 유지재단

귀원 위 사건에 관하여 원고 소송대리인은 다음과 같이 입증자료를 제출합니다.

다 음

1. 갑제13호증 녹 취 서

2011. 1. .
원고 소송대리인
변호사 명 변 론

춘천지방법원 민사합의부 귀중

갑제13호증

錄 取 書

팔봉 속기사 사무소

대화(녹음)내용[81]

강지수: 아니, 목사님 바쁘신데 또 시간 내주셔 가지고.

김당구: 아니에요. 하여튼 저기 얘기해 보세요.

강지수: 아이, 안녕하셨어요? 이쪽은 목사님하고 전에 전화통화 하셨다는 분이요.

이례성: 이례성입니다.

김당구: 아, 그러세요? 아아, 예예. 수고 많습니다.

강지수: 그리고 저 기.

구마중[82]: 제가 얘기하죠. 목사님께서 친절하게 우리 민원인이신데 얘기한다 해서 제가 왔습니다.

여직원: 차 좀 드릴까요, 목사님?

김당구: 여기 손님들 좀 줄 수 있어요?

구마중: 한잔 주세요, 그냥.

김당구: 아, 탄원서 건은 어떻게 되었어요?

강지수: 그게 이번에 또 여기 국장님이 또 이렇게 탄원서를 또 보내주셨어요. 국장님, 각 교회 목사님들, 뭐 교인들, 이 사람들은 여기 교인들이 다 아니고 다른 교회 다니고 있어요.

김당구: 이거는 나도 받아 봤는데요, 재단 이사들한테 다 보냈더라고요,

강지수: 이사들한테 다 보내셨어요?

김당구: 네, 다 보내서 받아 봤는데 그 내용이 뭐 별 것도 없고.

지성: 아니. 그런데 제가 보기엔 그거 별로 재판에 도움 안 돼요.

강지수: 그게 민사재판에 아무 도움이 안 될까요?

김당구: 그 내용은 뭐 별것도 아니에요. 그런데 중요한 거는 지금 다른 거 없습니다. 이거 사건 문제는 어디에 있냐 하면요, 계약서가

81) 녹취록은 보통 그 내용을 읽는 것만으로는 그 취지를 파악하기 어려울 때가 많다. 따라서 녹취록을 제출할 때는 중요한 대화부분을 특정하여 그 취지를 설명하는 서면을 제출하는 것이 적절하다. 이 사건에서는 별도의 서면을 제출하고 있지 아니한데 독자들이라면 어떤 부분을 강조하여 어떤 주장을 할 것인가?

82) 구마중은 누구일까?

무효가 되느냐 안 되느냐 그 문제가 중요한 그게 제일 핵심입니다.

강지수: 그런데 저는 그게 이해가 안 됩니다. 어떻게 계약서 무효가 될 수 있지요.

김당구: 내가 듣기로는 강압에 의하여 써졌다는 말도 나오고, 집사님 쪽에서 약속한 대금을 주지 않았다는 이야기도 나오던데.

강지수: 그건 다 거짓말입니다. 노인네가 강압한다고 누가 계약서를 함부로 씁니까? 어림도 없지요.

구마중: 목사님! 제가 한 두 가지 여쭙겠습니다. 지금 종교적 입장에서 이제 목사님이 유지재단의 어떤 하나의 창구로 해서 어떤 이런 일을 슬기롭게 잘 해소되도록 노력을 해 주고 계시지 않습니까? 그렇다면 유지재단에서 지윤걸 목사를 불러서 이 사건을 원만하게 해결하도록 중재하는 것이 좋지 않을까요. 그냥 이렇게 소송으로 끌고 가는 것은 남들이 보기에도 좋지도 않고 제가 알기로는 성격에도 교회 안에서 어떤 분쟁이 일어나면은 교회 자체적으로 그걸 해결하라는 그런 말이 있는 것으로 아는데요.

김당구: 글쎄요. 지금은 일단 소송결과를 두고 보자는 것 같은데.

구마중: 중재안이 전혀 없습니까?

김당구: 없어요. 재단 입장에선 일단 소송이 붙었고 소속 목사의 말을 믿어야 하지 않겠어요. 지금 두 쪽의 말이 너무 달라서. 그리고 건물을 사느라 지윤걸 목사가 빚도 많이 지고 있고.

구마중: 너무 강 건너 불구경 아닌가요?

김당구: 뭐. 그렇게 볼 수도 있겠지요.

구마중: 교회 건물이 기본재산이 이 문제도 중요한 것 같던데요.

이례성: 그건 기본재산이 아니라는 말도 하던데요.

구마중: 저도 통화해 가지고.

지성: 교회 건물은 세금 문제 때문에 유지재단으로 이름만 걸어놓고 그러니까 위탁해 놓고 해서 건물의 처분 권한은 해당 교회의 목사와 신도들에게 있다고 하던데요.

김당구: 아니죠. 거기서, 지윤걸 목사 개인이 아니고. 일단 거기서 구역회의를 해야 됩니다. 구역회에서.

지성: 구역회도 담임목사의 의중대로 가는 거 아닌가요?

김당구: 아니죠. 거기 구역회라는 게 있어요. 구역회라는 게 있는데 구역

회의에서. 이제 구역회 회의를 하는 거예요.

지성: 형식적 절차상으로서요?

김당구: 아니지. 형식이 아니고 구역회가 중요해요. 그럼 여기서 1단계 되고 그 다음에는 이게 이리로 오는 거예요, 이제 서류가. 여기에서 결재가 나면은 유지재단 이사회로 오는 거예요. 유지재단 이사회에서 이사회로 결의를 해 주는 거예요. 절차가 그렇게 돼 있어요.

지성: 예이. 그것도 사실은 담임목사가 처분하겠다고 강력히 주장해 주면 이사회도 따라 주지 않나요. 지난번에 주윤발 장로님 지하철서 만났을 때도 그렇게 들었어요. 그 당시에 주 장로님께서 "이 서류를 지윤걸 목사가 해 갖고 오면 넘겨주겠다." 고 했어요.

김당구: 음, 여기 들어왔네.

(주윤발 장로 등장)

지성: 주 장로님! 안녕하셨어요? 지난 번 지하철에서 뵈었던 지성입니다.

주윤발: 아. 예예, 안녕하세요.

지성: 그때 장로님이 "여기에서 단 1원도 돈을 댄 적이 없다, 유지재단에서." 그렇게 말씀하셔서 그건 확실히 대답을 해주셨고요. 그 부분에 대해서 장로님이 좀 이야기를 해 주시면.

김당구: 아, 그 얘기는요 내가 다 얘기하려고. 그건 교회를 개척할 때 이야기이고 일단 유지재단으로 들어오면 유지재단이 교회 건물의 소유권을 갖는 거지요.

지성: 예? 그럼, 유지재단은 가만히 앉아서 부동산을 취득하는 거네요?

김당구: 취득? 법적 형식은 그렇지만 개별 교회의 독립성은 또 보호하지.

지성: 예예, 그러니까 사랑교회 건물도 지윤걸 목사가 처분할 수 있는 거잖아요.

김당구: 아니지. 처분은 구역회하고 이사회가.

지성: 예이. 말이 또 달라지네요.

김당구: 유지재단으로 부동산이 들어오고 나서 건물을 처분하려면 똑같은 건물을 대신 넣어야 합니다.

지성: 똑같은 건물을 어떻게 넣습니까? 그럼. 목사는 누구를 위해 일을 하나요. 넘 좋은 일 시키는 거잖아요.

김당구: 이해를 못하시네. 이건 우리 교단의 결정이예요. 일반인들은 잘 이해 못하지.

지성: 그러면 개별 교회가 재산을 다시 찾겠다고 하면서 교단을 탈퇴하면 분쟁이 생길 수 있겠네요.

김당구: 그럴 수는 이론상 있겠지만. 그런 경우는 없었습니다. 다들 양식이 있는 사람들인데. 그럴 수는.

지성: 예이. 앞뒤가 안 맞는 것 아닌가요. 유지재단이라는 제도가.

이례성: 가만있어요. 나도 좀 얘기 좀 하게. 결국 결론을 내리자면 교회 건물은 유지재단이 관리는 하는데 이것을 구입하는 것은 개별 교회가 할 일이다. 그런 거지요.

김당구: 아, 그건 맞아요.

이례성: 참 이상하네요. 그럼 개별교회가 유지재단에 등기를 해서 얻는 이익이 뭐예요.

김당구: 아이. 가만히 계셔 보세요. 사람이 말이야. 따지러 온 거야, 나하고 따지러 온 거야? 뭐 하러 온 거요? 재판에 도움이 될라고 온 거요, 뭐요 지금!! 따지세요, 난 갈 테니까는! 난 그렇게 따지는데 대답할 사람이 못 돼요.

지성: 죄송합니다.

김당구: 사람들이 말이야 무슨 그래요! 내가 이렇게 한가한 사람 아니에요.

지성: 아니에요, 죄송합니다.

구마중: 아이, 잠깐만요. 장로님께서 여기 계신 이례성 시민단체분이나 여기 있는 시민단체의 분들을 만났을 때에 이것이 유지재단의 기본재산이라고 얘기한 적이 있습니까?

김당구: 내가 얘기할게요. 중요한 거는요 이걸 자꾸 캐 가지고 재판하면 앞으로 도움이 될 건 하나도 없어요. 안 그렇습니까? 구마중 목사님! 다만 현재에 재판을 진행하고 있는 중에서 뭐가 어떻게 풀려가지고 뭐가 어떻게 해결하는 것이 앞으로 좋으냐? 이 방향을 의논하는 거요. 나는 그렇게 알고 시간 낸 사람이요, 지금.

구마중: 지금 말이죠. 이거를 가지고 뭐 기본 이런 거 따질 단계는 이미 지났습니다. 지났고, 현재 여기 유지재단에서 정말로 양심적으로 지윤걸 목사가 진행한 걸 당연히 이걸 취하 하던가, 이걸 원상으로 돌리는 것이 가장 현명한 방법이에요.

김당구: 재단은 그런 권한이 없고 그런 법이 없어요. 보세요.

구마중: 처분권이 재단이 있고 재판도 피고가 재단아닙니까?

김당구: 왜 법에서 해결하지, 여기 와서 할라 그래요? 말했잖아요. 구역회가 승인을 해야 한다고.

구마중: 저는 말이죠, 공정한 입장으로 취재를 하러 왔는데 이 내용을 너무.

김당구: 재단에서 그거 할 수 있는 그런 법적 권한도 없고, 할 권한도 없어요.

구마중: 그런가요? 실질적으론.

김당구: 거기서 올라와서 '이걸 팔았습니다. 그럴 때에 승인을 해 주냐, 안 주냐 그 권한이 있는 거지.

구마중: 그렇습니까?

김당구: 그런데 이거를 여기에서 '취하하라' 그런 말을 어떻게 해요? 서류가 올라오면은 그거는 당연히 되는 거죠.

구마중: 아, 해 줄 수 있습니까?

김당구: 서류가 올라오면. 서류도 안 올렸는데 여기 뭘 각서를 쓰고 그런 게 어디 있어요? 지금 일하는 방법이 틀렸어요, 내가 볼 때는요.

강지수: 지윤결 목사는 "지금 서류를 내가 해 올려 보내도 재단에서 안 된다." 이렇게 얘기하는 거예요.

김당구: 아, 그럼 거기서 서류만 해 달라고 그러면 되잖아요.

강지수: 안 해줘요. 갖다 이렇게 주면 던지면서 안 해주는 거죠 뭘.

구마중: 아이, 됐습니다. 그리고 우리 목사님 지금 바쁘신데 이렇게 성의를 가지고 나오셨는데 다른 그런 얘기는 하지 말고, 그럼 이 사건을 어떻게 해결할 지 목사님 의견을 들어보는 게 중요할 것 같아요.

김당구: 재판하고 있으니까 두고 보자는 거지요. 거기서 결정 나는 대로 하자는 거. 서로 주장이 너무 다르니까. 주장로도 별 생각 없으면 나가보세요.

주윤발: 예, 알겠습니다.

(주윤발 장로 나감)

김당구: 지금 보니까 계약서 작성하고 매매대금 주는데 안 받는다 거잖

아요. 그게 다 예요? 뭐 다른 거 갖고 지금 재판하고 싸우고 그러는 거 아니에요? 말해 보세요.

강지수: 그게 저.

김당구 저, 뭐요. 뭐가 잘못된 것예요.

강지수: 지윤걸 목사가 그 건물 살 때, 은행에 담보를 잡아서 대출 했잖아요.

김당구: 그렇지요.

강지수: 그 때 재단 이사회 결정도 했고요.

김당구: 그렇지요.

강지수: 그래서 저희도 그런 방식으로 지윤걸 목사에게서 건물을 사겠다는 겁니다. 대출해서.

김당구: 음. 지윤걸 목사하고 그렇게 약속했어요.

강지수: 예예.

김당구: 그런데 우리 재단에서 듣기에는 그런 적 없다는 거예요. 지금. 전화 통화 수십 번 했어요.

강지수: 예?

김당구: 이게 지금 중요한 초점이에요, 지금. 초점으로 진행해 오고 있어요. 재판에서 이거에 따라 가지고 움직이는 거고. 서로 고소하고 이런 건 중요한 게 아니에요.

이례성: 그렇죠. 형사 건이니까.

김당구: 재단 쪽에선 누가 옳다 할 수 없으니까 가만히 있을 수밖에 없는 겁니다. 아시겠지요.

강지수: 그게 말이 됩니까. 잘 생각해 보세요. 지윤걸 목사가 건물을 산 방식 그대로 원래 제 건물을 사겠다는 겁니다. 상대방도 잘 알거든요. 거기도 교회를 할 건물이 필요한 거지, 이 건물 전체로 필요한 게 아니거든요. 그건 지윤걸 목사도 인정해요. 은행 빚 부담된다고.

구마중: 그래서 팔려고 했던 거예요.

김당구: 근데요. 재판에 나타난 내용으론 그게 사실인지 아닌지 알 수가 없는 거 그게 문제잖아요.

구마중: 그러니까 목사님이 도와주셔야지요.

김당구: 어떻게요?

구마중: 지윤걸 목사 만나서 전처럼 2층만 교회로 쓰고 나머지 건물은

여기 강지수씨에게 돌려줘라. 이렇게 말씀하시면 되잖아요.

김당구: 아, 예예. 하지만 그건 그 교회 사람들이 결정할 문제예요. 거기서 그렇게 안겠다면 못하는 거지요.

구마중: 그래도 시도는 해 주셔야지요.

김당구: 글쎄.

구마중: 아, 그리고 제가 알아보니까. 이 건물은 실질은 명의신탁이잖아요.

김당구: 명의신탁?

구마중: 예. 명의신탁.

김당구: 그러니까는 우리 쪽에서 지금 관리만 한다는 말이에요.

구마중: 그렇지 명의신탁.

김당구: 그렇지 않죠. 말했잖아요. 처분할 권한이 우리 재단에 있다고.

구마중: 명목상으론 그렇지요. 실제는 그렇지 않잖아요.

김당구: 또 그 얘기네. 구마중씨 저의가 뭐예요. 여기 온.

구마중: 목사님 잠깐만요! 별 저의 없고요. 그냥 궁금한 겁니다. 오해 푸세요. 목사님. 그런데 이걸 팔고 사고 할 수 있는 권한은 누구한테 있는 겁니까?

구마중: 이거 재산?

김당구: 아이, 말했잖아요. 우리 유지재단이라고.

구마중: 지윤걸이가 아니고?

김당구: 지윤걸이 개인이 못해요. 거기에 구역회라는 게 있다니까요. 구역회의결의가 돼 가지고 나와야 돼요.

구마중: 그 구역회에서는 이 건물을 매입하거나 매매할 때, 매입할 때도 전혀 관여를 하지 않고 매입한 후에 통보를 하게 돼 있는 겁니까, 목사가?

김당구: 그걸 매입을 해 가지고 서류 올릴 때는 이 구역회 회의록이 올라와요, 같이요.

구마중: 아, 회의록이요?

김당구: 예.

구마중: 그런데 구역회 회의는 지윤걸 목사가 좌지우지 하지 않습니까?

김당구: 어떤 거요? 그거는 안 돼요. 지금 모르는 소리하시는데요. 구역회라고 하는 거는, 사람이 구성원이 있어요. 그 교회 안에 구역회가 모여 가지고 회의를 하는 거예요. 회의는 누가하냐? 지윤

걸이가 하는 게 아니에요. 교리사라는 사람이 거기 춘천지역에 책임을 지고 있는 사람이 와서 회의를 하는 거예요.

지성: 참여는 거기에 교인들이 하고?

김당구: 참여는 교인 중에서 다 하는 게 아니고 구역회원이 있어요. 임원급이에요 임원급. 이 사람들의 회의는 교리사가 와서 하는 거예요.

지성: 강원도 담당 교리사가요?

김당구: 음, 거기 교리사가 와서 하는 거예요.

구마중: 그러면 목사님! 참 그거 합리적인 절차인데, 목사가 개인적으로 은행에다가 돈을 융자 받아 가지고 건물을 사 가지고 기본재산으로.

김당구: 아, 개인적으로 융자 안 됐어요. 내가 다 확인했어요. 여기서 돈 빌린다고 승인 내려간 게 있어요.

구마중: 그게 저희들도 확인을 다 했습니다. 했는데, 물론 여기에서 설명드릴 바는 아니지만은, 춘천에 있는 금고인데. 지금 거기에서 했을 때도 당시는 이미 여기에서 승인이 오기 전에 지윤걸 목사가 자율적으로 이 집을 매입을 하기 위해 가지고 충분한,

김당구: 그때는 재단에 들어오기 전이죠.

구마중: 들어오기 전입니다.

김당구: 그거는 자유롭게 할 수 있어요. 그건 재단에서 관여 못 해요.

구마중: 그런데 이것이 조금 불거지면서, 쉽게 말해서 뭐 매매가 이렇게 막 이루어지는 과정에서 은행 설정 쪽으로 완전히 넘기면서 여기에 결심을 받아낸 거예요, 이쪽에다가. 그래서 제가 이제 따로 주 장로 만나서 얘기를 하겠지마는, 주 장로 이 분이 이제 그 당시에 모든 승인을 하면서 여기.

김당구: 이 분이 승인 못 한다니까요.

구마중: 아니 사무장로.

김당구: 아. 글쎄 승인 개인이 못 한다니까요. 이사회에서 승인을 해줘야 된다니까요.

구마중: 아니, 제가 말씀드리는 것은 어쨌든 일방적으로 다 했다가 여기에서 '집을 내놔라.' '팔아라.' 이런 얘기가 진행되니까 그 이후에 이제 이게 유지재단으로 모든 걸 가지고 방향을 돌리면서 "나는 모른다. 유지재단에서 다 알아서 할 문제다. 이건 기본재

산으로 들어가 있다." 이렇게 진행이 된 거예요.

김당구: 그럴까요?

구마중: 그래서 제가 말씀드리는 것은.

김당구: 재단이 해결해라. 그런 얘기 하고 싶은 거지요.

구마중: 네. 그겁니다.

김당구: 하지만 그건 이야기 했잖아요. 현재 여기 계신 분들과 지윤걸 목사와 서로 이야기가 너무 다르다고. 그래서 재단 입장에선 일단 재판결과를 기다려 보고 싶다고.

구마중: 재판은 최후수단이고 지금이라도 재단에서 해결책이 있으면 해결해 주시면 좋지 않겠습니까? 게다가 원래 처음에는 이렇게 이해했어요. 유지재단의 기본재산이라고는 하지만 아까 말씀드린 대로 진짜 처분권은 지윤걸 목사에게 있다고. 지윤걸 목사가 사실 마음만 먹으면 얼마든지 거래를 할 수 있는 건데, 지금에 와서 거래를 무위로 돌리려고 발뺌하고 있는 거라고요.

김당구: 그건 매수인 입장이지요. 지금에 와서는 결국 지윤걸 목사하고 구역회 그러니까 사랑교회 교인들 의사가 중요해요. 그 쪽에서 매도하고 싶지 않다고 하면 못하는 거지. 그리고 거기에 이의가 있으면 지금처럼 재판할 수밖에 없는 거예요.

구마중: 결국 재산권을 가지고 있는 것은 유지재단인데 문제 해결은 사랑교회에서 하라는 거니까 이것은 매수인 입장에서 장난질이다 이렇게 보이는 거죠. 그리고 이사회 회의록도 하자가 있는 것 같아요.

김당구: 재단 이사회 회의록이 잘못됐다 그 말입니까?

구마중: 제 입장에서 늘 절차상에 하자가 있는데, 서류를 놓고 보면은 아주 정확하게 절차를 잘 밟았어요. 그러니까 기본재산에 포함시킬 때, 그리고 기본재산을 저당 잡아서 돈을 빌릴 때 이사회에 참석하지 않은 분들의 날인이 회의록에 되어 있는 것 같아요. 그렇게 하지요. 이사회에 쓰여 있는 분들이 사실은 그날 모두 회의에 참석 못하지 않습니까. 그러니까 기본재산에 편입된 것 자체가 하자고 그러니까 처분권은 여전히 사랑교회 지윤걸 목사에게 있는 거죠.

김당구: 이사회 절차에 하자가 있다. 무효다?

구마중: 예, 그렇죠.

김당구: 기본재산 올라왔을 때?

구마중: 예.

김당구: 그거는 참석 안 해도 위임된 걸로 하던지. 안 그러면은 결석위원으로 해가지고 이사가 스물 몇 명인데요 그 중에서 빠지는 사람도 있고 100% 다 참석 안한 사람도 있어서, 그때 회의록을 보면 알지만은, 누가 빠졌는가를 다 알아요, 누가 참석했는가를, 그러면은 그 회의록이 만약에 잘못됐다 그러면은 '회의록에 이 사람이 참석 안했는데 이 사람은 회의했다고 돼 있다.' 그 내용 아닙니까?

구마중: 그렇죠.

김당구: 아이, 그건 오해예요. 그런 식으로 우리 일처리 안 합니다. 굳이 다 참석 안 해도 의결권 위임하고 해서 정식으로 안건 처리합니다. 트집이지. 그건.

구마중: 아니죠. 사실. 서류상으로만 갖춘 거 맞죠.

김당구: 아니, 그러니까 문제는 유지재단에 저런 절차가 불법이다 그런 얘기 아닙니까?

구마중: 유지재단의 기본재산으로서 서울시에다가 등록 의뢰할 때.

김당구: 회의가 잘못됐다 이런 얘기 아닙니까?

구마중: 그렇죠, 잘못됐다는 거죠.

김당구: 에이. 그건 억지입니다. 그럴 리가.

구마중: 아니오. 한번 알아보세요.

강지수: 아이, 그리고 제가 또 한 가지 말씀드릴 게 있어요. 우리가 계약하는 당시에 일반 법무사사무실에서 부동산등기, 계약 다 절차를 밟아가지고 지윤걸 목사하고 우리 아들하고 서명날인만 하면 되게끔 딱 갖춰 가지고 거기 갔더니, 지윤걸 목사 부인이 "재단에서 발부하는 매매계약서로 해야지 이거는 안 된다." 이러더라고. 그래서 재단에서 만든 양식에다 다시 계약서를 작성하고 서명을 받은 겁니다. 그리고 계약금을 주고. 그 때 계약이 제대로 되는 거냐, 재산이 명의가 유지재단인데 꼭 소유권 이전되게 해달라고 하니까 "아. 재단에서 도장 안 찍어주면 내가 탈퇴라도 해서 책임지고 할 테니까 어서 돈 계약금만 내놓으라고." 그래서 거기서 쓰고 계약금 준 거예요.

구마중: 그때 증인은 누구 있었습니까?

강지수: 다 있었지요. 다.

지성: 근데 목사님! 지금 얘기가 빙빙 돌고 있는데요, 우리가 여기 찾아올 때는, 우리가 듣기는 재단에서만 기본재산이 아니었다는 거 그 문구 한 장만 써 주면은 문제가 다 해결된다고 들었어요. 그렇게 확인해 주시면 되잖아요. 그 때는 기본재산이 아니었다고.

김당구: 그건 아니라니까. 기본재산이 맞아요. 틀림없다고 몇 번 말해야 알아들어요.

지성: 그 때는 그러지 않았잖아요. 처음 계약할 땐.

구마중: 잠깐! 우리 목사님께서 아까 그 말씀을 해 주셨잖아. 목사님은 현재 이사로서 대외적인 사람을 만날 때는 여기의 대표적 입장에 위치에 서 있다고 보면 되는 거예요. 지금으로선 지윤걸 목사가 이걸 가지고 '내가 그 동안에 참 잘못한 거 같다, 목사로서. 이거 돌려드리겠습니다.' 이렇게 해서, 그렇게 되면 기본재산이니까 기본재산에서 일단 빠져나와야 되니까 그거를 서류를 만들어서 이렇게 올리면 재단에서 절차에 따라서 처리를 할 수 있다고.

김당구: 아, 그건 100% 되는 거예요.

구마중: '100% 해 줄 용의가 있다' 그거 아니냐고요?

김당구: 아, 용의가 아니라 그건 되는 거예요. 왜 되는 걸 가지고 자꾸 따지고 묻고 그래요?

이례성: 우리는 법을 잘 모르니까 여기서.

강지수: 저는 약속한 게 그날 장로님이.

김당구: 아, 지금 말이죠! 법도 모르는 사람들이 무슨 뭐 변호하고 앉았고 말이죠. 진짜로 정말! 결국은 사랑교회가 그런 의사가 있어야 한다고. 기본재산에서 빼려면 그쪽 의사가 중요하고. 그리고 대체재산을 넣은 문제도 있고.

구마중: 맞는 말이지만, 그렇게 하려면 힘을 써 주셔야죠. 저 쪽은 사실 재판이 증거로 유리하니까 그쪽으로만 가려고 하는 거잖아요.

김당구: 그건 어쩔 수 없지요. 세상살이가 그런 거지요. 그리고 무엇보다 이 건물을 사는 데는 사랑교회가 1등 공신이에요. 그 쪽 의사를 누가 무시해요. 그건 말이 안 되지.

강지수: 그래도 지윤걸 목사가 그때 그 당시에 내가 "만약에 이걸 계약금을 목사님 드렸는데 재단에 가서 여기 도장을 안 찍으면, 지

금 목사님이 가서 찍어 와야 되는 거 아니냐?" 내가 그러니까 "아, 안 찍어주면 내가 탈퇴라도 해서 찍어드려. 책임질 테니까 걱정 말라고." 이렇게 말했거든요. 지금에 와서는.

김당구: 그 문제는요 재판할 때에 변호사를 통해 가지고 증거자료를 넣어 가지고 이 매매계약 성립의 확증을 갖도록 밀어붙이는 거예요, 그거예요.

지성: 그러면 여기 재단에서 좀 좋게 어떻게 해결방법은 도저히 없는 거예요, 목사님?

김당구: 재단에서 여기 끼어들 수가 없죠. 재단이 끼어들 수가 없어요.

지성: 저는 우리 목사님이 재판부에 증인으로 나와 주셨으면 참 좋겠어요. 우리보다는 목사님이.

김당구: 근데 제일 중요한 거는요, 내 얘기 들으세요. 계약서를 썼다. 계약서 썼는데 계약금을 줬다. 계약금 받은 사람이 넘겨 줄 권한이 있죠? 맞죠?

지성: 예.

김당구: 그 다음에 계약금을 받은 사람이 중도금 잔금을 받을 수 있는 권리가 있죠? 맞죠?

지성: 예.

김당구: 그러면 누구의 절차가 어떻게 가든지 이거는 여기에서 알 바가 아니에요. 알았어요?

강지수: 그렇지만 건물의 소유권은 유지재단이 갖고 있잖아요.

김당구: 어쨌든 돈은 매도인이 받았죠?

강지수: 예.

김당구: 그럼 이제 잔금은 안 받은 상태죠?

지성: 잔금을 제가 해 갖고 갔거든요.

김당구: 하여튼 어떻게 하든지 안 받은 게 사실이요. 이의를 달지 말고 안 받은 상태죠?

지성: 예예.

강지수: 줘도 안 받았어요.

김당구: 하여간 안 받은 상태죠?

강지수: 예.

김당구: 안 받은 상태니까 여기에서 명도서류가 안 넘어왔죠? 맞죠? 여기까지 와 있는 상태죠, 지금?

지성: 예예.

구마중: 저기서는. "안 받았다." 여기서는 "줄라 그랬는데 안 받았다." 이제 이렇게.

김당구: 그래서 재판 하는 거지요.

강지수: 예, 맞아요.

김당구: 이럴 때에 뭐가 서류가 필요하다, 도움이 필요하다 그러면 얼마든지 해줄 수 있어요. 다른 거 필요 없는 거 여기서 얘기하면 심정만 상하지, 심정만 상하고 아무 소용없는 거예요.

구마중: 지금 우리 여기 계시는 그 분하고 우리 목사님의 말씀을 총괄적으로 딱 한다면 결론적으로 지윤걸 목사는 매매할 의사가 없었음에도 결론적으로 매매 하겠다 해서 계약금을 받고 편취한 거예요, 결론적으로.

강지수: 강제적으로 사기 칠라 그랬어요.

구마중: 아, 그래요?

김당구: 그렇게 까지는 아니지요.

구마중: 아니에요. 딱 그게 성립이 된다고, 지금 현재로서는.

김당구: 그건 너무 자의적인 해석이지요. 사기는 무슨. 무슨 유익이 있다고.

구마중: 사기란 말이에요.

김당구: 아. 그걸 문제를 삼고 들어가면 오히려 불리할 걸요. 유지재단의 기본재산으로 되어 있으니까 지금 문제가, 문제가 이렇게 꼬여 있는 거지, 어디 처음부터 사기를 치겠다고 이리 문제를 어렵게 끌고 갑니까. 그렇다고 받은 계약금을 그대로 가져가겠다는 것도 아닌 것 같은데. 재단 이사 중에도 그럼 이 사건을 계약금 돌려주고 없었던 것으로 정리하자는 분도 있어요. 그럼, 서로 크게 손해 보는 것 없지 않느냐 그런단 말이 예요.

강지수: 합의를 나서겠다는 거예요?

김당구: 공식적인 것은 아니고 일부 이사 분들이 그렇게 말을 해요. 사석에서, 개인적으로. 그러니까 사기로 모는 것은 오히려 불리할 수 있다는 것입니다. 사기로 고소해서 무혐의 나오면 어떻게 할 꺼예요. 그럼 강지수씨 더 나쁜 사람 되는 거예요.

강지수: 제가 뭘 잘못했나요. 나쁜 사람이 되게. 오히려.

김당구: 누가 나쁜 사람이래요. 그렇게 오해를 받고 재판도 불리해진다

이말 이지요.

구마중: 그럼, 목사님이 지윤걸 목사 만나서 이야기 해주시면 안 됩니까? 이대로 가면 사기로 몰려 더 어려워진다고. 고소는 그냥 압박용으로 만 사용하고요.

김당구: 글쎄, 고소는 이로울 게 하나도 없어요.

강지수: 어쨌든 저희로서는 목사님 돈은 지금 3백만 원밖에 안 들어간 상태에서 건물 전체를 가져간다는 게 납득이 되지 않고, 그걸 계약해 놓고 안 주겠다는 것도 납득이 안 가요. 지금.

김당구: 그래서 찾아올 것도 없어요. 개 뼉다귀 갖고 싸우는 거예요. 지금요. 맞죠? 여기서 이겨도 별것도 아니에요. 빚만 잔뜩 안고 건물만 폼으로 갖는 거 아닙니까?

지성: 맞아요. 다만, 어렵게 돈 모아서 지은 건물 경매로 뺏기니까 한이 남은 거지요.

김당구: 하여튼 이게 애착심이라는 것뿐이고, 또 약간, 싸움의 결과 나중에 가서는 개 뼉다귀만 남지, 먹을 건 없어요. 그래서 내가 자꾸 합의보라고 그랬던 거예요.

강지수: 예, 목사님 말이 딱 맞아요.

김당구: 근데 내가 볼 때는 이 경우는요 합의를 내가 하라고 한다면 적어도 이 배액에다가 얼마를 좀 보태 가지고 얼마를 해 주고 '합의를 보자.' 내가 그 설명까지 했어요. 돈이 없어요. 지윤걸이가 돈이 없고, 돈 나올 데도 없어요.

강지수: 우리 계약금도 다 썼대요.

김당구: 그렇죠. "난 돈이 없다"고 그렇게 한마디로 말하면 되는 거예요. 돈이 없으니까 어떻게 하느냐? 여기 한 층을 여기다가 전세를 주는 거예요, 예? 전세를 주는 거예요. 전세를 주면 전세 계약금 떨어지잖아요. 실제 돈 주는 건 없어요. 무슨 말인가 알죠?

강지수: 예예.

김당구: 그러면 현재 계약금이 살아 있는 거예요. 나중에 해 주는 조건이 되는 거죠. 그렇게라도 해결하는 게 어떻겠어요.

강지수: 예예.

김당구: 근데 내가 지윤걸 그쪽에도 내가 얘기해 봤어요. "목사가 마음을 너그럽게 갖고 끝내라. 합의 볼 의향이 없느냐?" 그랬더니 아주머니가 더 펄펄 뛰어요 그냥, 솔직히 말해서.

강지수: 저도 그렇게 얘기했어요. "목사님! 우리가 그렇다고 우리 아들 앞으로 집이 넘어온다고 목사님을 나가시라는 건 아니고 전세 그거 살려서 계약을 하고 여기서 목회 생활하고, 우리 애들도 이 교회 다 다니고 서로 삽시다, 목사님만 사는 게 아니고. 다 같이." 그런데 안 먹혀 들어가요, 안 돼요.

김당구: 그래서 뭐 저쪽에서 누가 지든 누가 이기든 고등법원 올 거라고 이렇게 보는 거예요.

강지수: 예예.

김당구: 여기에 올라와서도 어느 변호사 만나도 여기에 초점을 두고 진행할 거예요. 그거예요. 다른 거 얘기하지 마세요.

강지수: 예예. 그러니까 도와주세요.

김당구: 그리고 내가 다시 또 얘기하는데요, 둘이 합의 봐 가지고 실리를 어느 한쪽이 더 많이 찾아가는 건 이건 합의가 안 되는 겁니다, 재판이 걸려있기 때문에. 똑같은, 말하자면 예를 들면은 저 건물을 지금 판나 나든 사람한테, 세3자한테 둘이 합의해 기지고. '너도 갖지 말고 나도 갖지 말고 다 팔자. 현금이 얼마냐? 이거 다 갚고 저고 다 갚고 전세 다 끄고 딱 남으면은 얼마가 남는다. 이 돈 반 똑같이 나누자.' 합의는 여기에서 해야 되는 거예요. 무슨 말인가 알죠?

지성: 그런데 이 분은 한이 맺혀서.

김당구: 아니 한이 맺히고 산에 그건 나중 문제고. 감정싸움 해서는 안 되고 실리가 붙어 있는. 민사재판은 실리의 싸움이에요. 안 그렇습니까?

강지수: 예예.

김당구: 그럴 거다 이렇게 보고. 어느 정도 지 목사가 말이 통해야 내가 뭐를 얘기해 보는데 말이 안 통해요, 지금. 내가 딱 두 번 만나봤는데 말이 안 통해요.

지성: 나보고 "돈 왜 해갖고 왔느냐고." 막.

강지수: "당신이 돈만 안 해 갖고 왔으면 집도 갖고 계약금도 갖고 깨끗이 끝나는 건데 왜 돈 갖고 왔냐고!"

지성: 그렇게 말이 안 통하더라고요.

김당구: 그 얘기는 할 필요도 없고.

지성: 아니, 그러니까 말이 안 통한다는 말이죠.

김당구: 할 필요도 없고. 불필요한 얘기들을 자꾸 할 필요가 없는데. 그건 얘기할 건더기도 못되고.

구마중: 지윤걸 목사 한 사람 때문에 이런 문제도.

김당구: 다만 문제는요 아까 얘기했잖아요. 얘기가 안 되니까 재단에서도 그냥 일단 지켜보고 있다고.

구마중: 목사님 말씀은 오히려 변호사들 하는 요약보다도 정확하게 지금 말씀해 주신 거예요. 그대로만 하면 됩니다. 근데 단 제가 보니까 목사님이 중간에서 이걸 원만한 합의로, 원래 싸움은 말리고 흥정은 붙이라 그랬잖아요. 그렇게 되어야 되는데 워낙 저쪽에서 말이 안 먹혀 들어가니까 애로를 지금 말씀하시는 거예요. 뭔가 우리를 좀 도와줘야 되는 입장에서.

김당구: 내가 볼 때는요, 하여튼 양쪽이요 말하자면 이겨도 득이 되는 게 별로 없다. 누가 봐도 그건 그런 거예요.

지성: 그러니까 지금이라도 한 번 더 이제 목사님이니까 될 수 있으면 재단에서 은혜롭게 좀 중재를 좀 해 줬으면 좋겠는데.

구마중: 중재를 좀 나서 줬으면 좋겠어요. 지금 하고 있는데 안 된다 이거예요.

김당구: 그게 이제 와서 되겠어요.

지성: 목사님 연락 전화 하나만.

구마중: 하여튼 목사님 대단하신 분이라는 거 알고 있어요. 도와주십시오.

김당구: 그럼, 딱 하나만 약속하지요. 내 춘천 직접 가서 한 번 만나보고 화해 얘기 해보겠습니다. 그러나 그쪽에서 거부하면 더 이상 이 사건 관여 안합니다. 법대로 그냥 처리해요. 그리고 승복하고.

지성: 고맙습니다. 아까 제가 실언한 것도 용서해 주세요.

김당구: 아니, 아무 것도 아닌 것이.

지성: 아까는 너무너무 화가 나서.

김당구: 됐어요. 화해는 주선해 보지만 기대는 하지 마소. 재판이나 열심히 해 보시오. 그쪽이 어쩌면 결론이 될 수도 있으니까.

구마중: 그런데 사람이라는 게 욕심이 한도 끝도 없는 거예요. 갑자기 욕심이 들어가 버리면 그거 누가 막겠냐고요. 정상적인 사람도 생각을 흐리게 되는 거예요.

강지수: 근데 목사님 주변에 있는 사람들이 지 목사님을 그렇게 만들었

어요. 다 무슨 부동산 브로커 그런 사람들이 그렇게 막, 그 목사님 친구 분들이라는 사람이 다 그런 사람이에요.

김당구: 하여튼 너무 수고 많습니다.

구마중: 목사님! 언제 시간 날 때 제가 연락드려서 저한테 시간 한 20분만 내 주십시오.

김당구: 그러세요.

구마중: 저도 저 하고 싶은 게 있으니까요.

김당구: 예예. 앞으로도 운동하시면서 제가 또 도울 게 있으면.

준 비 서 면

사 건 2010가합300호 소유권이전등기청구(본소)
2010가합400호 건물명도(반소)
원 고 김 준 서
피 고 재단법인 예수교 한국예수회유지재단

위 당사자간 귀원 2010가합300호 및 400호 사건에 관하여 피고의 소송대리인은 다음과 같이 변론을 준비합니다.

변경된 청구취지에 대한 답변

1. 원고의 주위적 및 예비적 청구를 모두 기각한다.[83]
2. 본소, 반소의 소송비용은 원고가 모두 부담한다.

라는 재판을 구합니다.

변경된 청구원인에 대한 답변

1. 이 사건 부동산은 피고 유지재단의 기본재산으로서 소유권이전을 위한 소정의 절차를 거쳐야 하나 원고는 그 절차를 전혀 거치지 못하였으므로 원고의 귀책사유로 이행불능에 빠졌습니다.

이 사건 부동산은 피고 유지재단의 기본재산으로서 개체교회가 피고 유지재단의 기본재산인 이 사건 부동산을 처분하기 위해서는 당해 교회의 구역회 승인을 받아야 하고, 피고 유지재단 이사회 및 주무관청의 허가를 받아야 하는데, 원고는 위와 같은 절차상의 문제를 스스로 해결하기로 하고 개체 교회의 담임목사인 지윤걸이 위 절차상의 문제를 해결할 의무가 없다는 점을 명백히 하고서 이 사건 부동산 매매계약을 체결하였으나, **원고는 이 사건 부동산의 처분을 위한 위 절차상의 문제를 해결하지 못하였는바, 이는 원고의 채무불이행으로 인하여 이행불능**

에 빠진 것으로 그로 인한 책임은 모두 원고에게 있으므로 원고는 피고 유지재단에게 이 사건 부동산의 소유권이전등기절차의 이행을 구할 수 없을 뿐만 아니라, 원고는 피고 유지재단에게 지급한 이 사건 부동산 매매계약의 계약금의 반환도 청구할 수도 없다 할 것입니다.

2. 예비적 청구에 관한 주장 - 피고 유지재단은 원고가 지급한 계약금을 몰취할 권한이 있을 뿐 이를 원고에게 (배액) 반환할 의무는 없습니다.[84)]

가. 이 사건 계약금은 해약금 및 손해배상액의 예정액입니다.

원고는 피고 유지재단과 이 사건 부동산의 매매계약을 체결하면서 매매대금을 금180,000,000원, 계약금을 금18,000,000원으로 하여 당일 위 계약금을 피고 유지재단에게 지급하면서 매매계약서 제6조에서 매도인이 위약할 때 계약금의 배액을 상환하고, 매수인이 위약할 때 계약금을 포기하고 반환청구하지 않기로 약정하였습니다.

이러한 계약금에 관한 약정은 민법 제565조에 의해 **해약금**으로 추정됨은 물론, 대법원 판례(대법원 1989. 12. 12. 선고 89다카10811 판결)에 의하면 "매매계약을 체결함에 있어 당사자 사이에 계약금을 수수하면서 매도인이 위 계약을 위반할 때에는 매수인에게 계약금의 배액을 지급하고 매수인이 이를 위반할 때에는 계약긍의 반환청구권을 상실하기로 약정하였다면, 이는 위 매매계약에 따른 채무불이행에 대한 위약금의 약정을 한 것으로 보아야 할 것이고 이러한 약정은 특단의 사정이 없는 한 **손해배상액 예정**의 성질을 지닌다."고 할 것입니다.

나. 원고의 채무불이행으로 이 사건 계약금은 피고 유지재단이 오히려 몰취하여야 합니다.

그럼에도 원고는 피고 유지재단의 채무불이행책임을 주장하며 계약금의 배액에 해당하는 금원의 손해배상을 구하고 있습니다. 그러나 위에서 본 바와 같이, 이 사건 부동산의 매매계약은 원고의 채무불이행으로 이행불능에 이르렀습니다. 따라서 원고가 주장하는 계약금의 배액을 피고 유지재단이 원고에게 지급할 의무는 없습니다.

설혹 원고의 귀책사유를 인정하기 어렵다고 하더라도 매매계약이 이행불능에 빠진 것은 피고 유지재단의 책임 없는 사유로 인한 것이므로 **적어도 피고 유지재단은 채무불이행을 이유로 한 손해배상책임을 지지 않는다** 할 것입니다. 따라서 위와 같은 손해배상액 예정에 기초하여 계약금 배액의 지급을 구하는 것은 이유 없다 할 것입니다.

3. 예비적 주장 - 피고 유지재단은 지급받은 계약금을 반환하고 소송상 합의를 할 수도 있습니다.[85]

가사 원고의 채무불이행이 없는 경우에도 이 사건 부동산의 처분을 위해서는 당해 교회 구역회의 승인이 있어야 하는데, 이미 주장·입증한 바와 같이 구역회의 승인이 부결되었기 때문에 당사자의 책임 없는 사유로 이행불능이 되었다 할 것이어서 피고 유지재단이 원고로부터 지급받은 계약금의 배액을 지급할 이유가 없고, 다만 **원고가 원한다면 피고 유지재단은 원고로부터 지급받은 계약금을 반환하는 것으로서 이 사건을 종결할 용의가 있습니다.**

2011. 3. 24

피고의 소송대리인

변호사 나 승 소

변호사 무 패 소

춘천지방법원 제2민사부 귀중

83) 청구취지가 변경되었으므로 변경된 청구취지에 대한 답변을 하고 있다.

84) 원고가 청구취지를 변경하여 새롭게 주장한 예비적 주장에 대하여 답변을 한 것이다.

85) 소송이 종반으로 들어가면서 의뢰인의 의사를 고려하여 합의로 사건을 종결할 수도 있고 이런 의사표시는 구두 혹은 서면으로 할 수 있다.

서 증 목 록

사 건 2010가합 300호 및 400호
원 고 김 준 서
피 고 재단법인 한국예수교 유지재단

1. 을제10호증 공소부제기이유고지[86]

2011. 4. .
위 피고의 소송대리인
변호사 나 승 소
변호사 무 패 소

춘천지방법원 제2민사부 귀중

86) 피고 유지재단이 제출하는 불기소처분서는 어떤 효과를 노리고 있는 것일까?

을제10호증

춘 천 지 방 검 찰 청

분류기호 및 문서번호 사건 611-123　　　　　　　　2011. 4. 10.
수 신 지 윤 걸 귀하　　　　　　　　발 신 춘 천 지 방 검 찰 청
제 목 공소부제기이유고지　　　　　　　　검 사 강 수 사
귀하가 청구한 공소부제기이유를 아래와 같이 고지합니다.

<table>
<tr><td colspan="2">① 사 건 번 호</td><td>2010 년 형제 123호</td></tr>
<tr><td colspan="2">② 고 소 인 성 명</td><td>강 지 수</td></tr>
<tr><td rowspan="2">피 의 자
(피고소인)</td><td>③ 성 명</td><td>지 윤 걸</td></tr>
<tr><td>④주민등록번호</td><td>631231-1234567</td></tr>
<tr><td colspan="2">⑤ 죄 명</td><td>사기</td></tr>
<tr><td colspan="2">⑥ 처분년월일</td><td>2011. 4. 7.</td></tr>
<tr><td colspan="2">⑦ 처분요지</td><td>불기소(혐의없음)</td></tr>
<tr><td colspan="2">⑧ 공소부제기이유</td><td>별첨과 같음(불기소 이유)</td></tr>
<tr><td colspan="2">⑨ 비 고</td><td></td></tr>
</table>

사 실 과 이 유[87)]

본건 피의사실이 요지는

피의자는 춘천시 효자동 소재 기독교 사랑교회 목사로서

2010. 1. 6. 시간 미상경 춘천시 효자동 123번지 2층 피의자가 운영하는 사랑교회 내에서 피의자가 교회로 운영하는 지하1층 지상3층 건물은 "재단법인 기독교 한국예수교유지재단" 소유로 피의자가 고소인에게 건물을 매도하고 소유권이전을 해줄 의사나 능력이 없음에도 고소인 강지수(63세, 여)외 1명이 위 건물을 매수할 의사를 보이자 고소인에게 위 건물의 소유권이 "재단법인 기독교 한국예수회유지재단"으로 되어 있으나 고소인이 매수를 원하면 피의자가 책임지고 고소인 명의로 등기를 해주겠다고 거짓말을 하여 이에 속은 고소인의 아들인 김 준 서와 총액 1억8천만원에 건물을 매도하는 계약서를 작성하고 그 자리에서 계약금으로 금1,800만원을 교부받아 편취 한 것이다. 라고 함에 있는 바,

수사한 결과

o 피의자는 2008. 9. 28. (주)춘천상호신용금고와 본건 건물에 대한 매매계약을 체결하고 계약금 2,000만원을 지불한 상태에서 위 건물의 전 소유자인 강지수가 위 건물을 다시 찾고 싶다며 도와달라고 하여 피의자가 위 신용금고에 지불한 2,000만원과 위 강지수로부터 받지 못한 전세보증금 2,000만원 합계 6,000만원을 위 강지수로부터 지급받으면 위 신용금고와의 매매계약을 포기하겠다고 구두 약정하고, 위 신용금고의 양해 하에 위 강지수가 6,000만원을 지급해주기를 기다렸으나 그 이행을 차일피일 미루고 있던 중 위 신용금고에서도 더 이상 기다릴 수 없다며 진금지급을 독촉하여 같은 해 12. 14. 매매 잔대금을 지급하고 위 신용금고로부터 재단법인 기독교 한국예수회유지재단 명의로 소유권이전등기

87) 불기소처분서의 '사실과 이유'는 피의사실의 요지, 수사한 결과, 그리고 무고판단의 3가지로 구성된다.

를 경료 받았는데, 이 사실을 알게 된 위 강지수와 그 아들들이 건물수리를 방해하고 집으로 찾아와 행패를 부리면서 막무가내로 위 건물의 소유권을 넘겨줄 것을 요구하였으며, 이에 피의자는 신도들이 반대하고 있고 대체재산이 없어서 어렵다고 이야기 하였음에도 고소인들은 매매계약만 체결해주면 나머지 절차는 자신들이 알아서 하겠다고 하여 고소인들의 괴롭힘에 지친 나머지 본건 매매계약을 체결해주고 계약금 1,800만원을 지급받은 후 고소인들이 위 건물을 되찾는 것이 불가능하다는 것을 깨닫게 되면 계약금을 돌려주려고 하였으나 고소인들은 계약체결 사실을 빌미로 피의자에게 그 책임을 물으며 소유권이전등기를 넘겨달라고 하면서 계약금도 돌려받으려고 하지 않고 있는 것으로 처음부터 계약체결을 미끼로 계약금을 편취한 것은 아니라고 변명함.

o 고소인은 본건 매매계약을 체결하면서 계약금 1,800만원을 지불하였으나 피의자가 처음 이야기한 것과는 달리 필요한 절차를 이행하지 않고 있었고, 진금지급일에 3,400만원을 지불하고 위 건물에 대한 담보채무를 인수하는 것으로 하여 잔금지급에 갈음하고 소유권이전등기를 경료받으려 하였으나 피의자는 아무런 이유없이 채무인수와 소유권이전등기를 넘겨주는 것에 협조하지 않았던 것으로, 자신들은 필요한 의무를 모두 이행하였음에도 피의자는 애초부터 소유권을 이전해줄 의사가 없으면서 계약금만을 편취할 목적으로 자신이 모든 것을 알아서 해주겠다고 속여 본선 매매계약을 체결한 것이라고 주장함.

o 고소인 및 김준식의 각 진술에 의하면 본건 건물이 위 유지재단 명의로 되어 있다는 것을 알고 있었음에도 계속해서 피의자에게 소유권이전등기를 해달라고 요구하였으며, 매매계약체결 또한 피의자가 주저함에도 고소인들의 요구로 이루어졌고 위 유지재단 본부에 찾아가 본건 건물의 매도절차에 대해 적극적으로 알아본 후 피의자에게 필요한 사항을 요구한 사실이 인정됨.

- 본건 매매계약서(기록 제15쪽)에 부동문자이기는 하나 특약사항으로 '본 계약은 매도인이 주무관청의 허가를 받아야 효력이 발생한다.'고 규정하여 조건부계약으로 되어 있고, 매매계약서 체결 당시 김준서를 대리한 김준식이 확인한 서류(기록 제93쪽)의 기재에 의하면 '매도인이 이사회 의결이나 주무관청의 허가를 받아야 할 의무나 능력은 없다(계약금을 받았기에 책임지고 허가나 의결을 받아야 함이 아님)'라고 정하고 있으며, 이행각서(기록 제17쪽, 103쪽) 등에서 '교단의 절차 요건에 따라 진

행하되 재산처분 요건에 하자가 있어서 이사회의결이나 주무관청에 허가를 받지 못할 경우엔 본인은 더 이상의 협조를 할 수 없으며 이것을 마지막 협조로 분명히 하며 김준서가 재산 매수를 포기하는 것으로 분명히 한다.' 또는 '재단에서 필요로 하거나 등기이전 할 때 협조할 수 있는 능력 내에서 집을 찾을 수 있는 방법이 있다면 최대한 협조한다.'고 하는 등으로 본건 부동산의 매매가 사실상 어려움을 전제로 피의자의 필요한 의무범위를 최대한 완곡하게 규정하고 있음.

- 위 유지재단측에서 2010. 3. 7. 고소인에게 보낸 내용증명(기록 제75쪽), 피의자가 김시근에게 보낸 2010. 2. 21.자 내용증명(기록 제100쪽)을 보면 고소인도 본건 부동산의 매매가 어렵다는 것을 사전에 알고 있었던 것으로 보임.
- 강지수에 대한 사건송치서(기록 제77쪽)의 기재에 의하면 피의자가 본건 부동산을 위 유지재단 앞으로 소유권이전등기를 마칠 무렵인 2009. 12. 13.경부터 2010. 3. 1.경까지 위 건물을 되찾기 위할 목적으로 업무방해, 주거침입, 폭행, 협박 등의 방법으로 끊임없이 피의자를 괴롭혀온 사실이 인정됨.

위 각 인정사실 및 피의자가 언제든 계약금을 반환할 의사가 있는 것으로 보이는 점 등을 종합하면 피의자의 변명에 신빙성이 있음.

o 고소인은 2008. 9. 28. 피의자가 위 신용금고와 매매계약을 체결하고서 3자 대면한 거리에서 고소인이 피의자에게 1,800만원을 지불하면 피의자가 매매계약을 포기하기로 하고 그 이행을 유보하기로 한 후, 피의자에게 1,800만원을 지급하였음에도 피의자가 매매계약을 포기하지 않은 것이라고 하나 피의자가 매매계약을 포기할 의사가 없었다면 굳이 소유권이전등기시인 같은 해 12. 14.까지 상당한 기간 동안 기다릴 이유가 없었고, 피의자에게 1800만원을 지급하였다는 증거를 제출하지 못하고 있어 위 진술은 신빙성이 없는 점, 위와 같이 피의자가 본건 건물에 대한 남다른 애착으로 인해 소유권이전등기시까지 1,800만원을 지급받기를 회피하였다고 하면서도 소유권이전등기 후 피의자에게 다시 매매계약 체결을 요구하자 처음에는 "유지재단 명의로 소유권이 넘어갔으니 안 된다. 내가 사유서를 써주어도 안될 것이다."라고 거부하다가 몇 번 더 부탁하자 아무런 이의나 저항 없이 매매계약을 체결하기로 하였다는 것이 선뜻 납득하기 어려운 점, 위 강지수는 현재 항소심 진행 중이기는 하나 1심에서 징역 1년에 집행유예 2년의 선고를 받았음에도 업무방해 등에

대해 전혀 그러한 사실이 없었다고 강변하고 있는 점, 피의자에게 계속해서 속았다고 하면서도 본건 매매계약체결 시에는 그를 전적으로 믿은 나머지 잔금지급조건, 소유권이전등기시까지의 필요한 절차 등에 대하여 정하여두지 않았다고 하여 상호 모순된 주장을 하고 있는 점 등을 종합하면 고소인의 주장은 쉽사리 믿기 어려우며, 고소인이 피의자와 위 유지재단에 보낸 내용증명 및 녹취서(기록 제20,21,155쪽)의 각 기재만으로는 피의자의 변명을 뒤집기 부족하고 달리 피의사실을 인정할 증거 없음.

o 가사 피의자가 계약금을 수령하고도 필요한 절차를 이행하지 않았다고 하더라도 계약금을 수령한 상태에서는 매도인은 계약금의 배액을, 매수인은 계약금을 포기하고서 언제든 매매계약을 해약할 수 있는 것이고, 고소인과 피의자는 잔금지급방법, 소유권이전등기에 필요한 절차 등 계약이 이행되지 않는 것에 대한 책임문제로 민사재판이 진행 중이며, 피의자가 아직까지 계약금을 돌려주지 못한 것은 고소인이 그 수령을 거부하면서 소유권이전등기를 요구하고 있기 때문인 것으로 보아 피의자가 구역회 등의 사전절차를 진행하지 않은 사실만으로 편취의 범위를 인정하기 어려우므로 주문과 같이 결정한다.

무고판단: 본건은 증거불충분으로 인하여 무혐의결정하는 것이므로 고소인들의 무고혐의 인정할 수 없음.

Ⅶ. 증인신문과 변론의 종결

증 인 신 문 신 청

사 건 2010가합300(본소) 소유권이전등기절차이행
2010가합400(반소) 건물명도
원 고(반소피고) 김 준 서
피 고(반소원고) 재단법인 기독교 한국예수회 유지재단

귀원 위 사건에 관하여 **원고 소송대리인**은 그 주장사실을 입증하기 위하여 다음과 같이 증인신문을 신청합니다.

- 다 음 -

1. 증인의 표시
   성명: 주윤발
   송달주소: 서울 서초구 서초동 123[88]
   재단법인 기독교 한국예수교 유지재단
2. 입증취지: 이 사건의 부동산의 실질적 소유관계, 지윤걸이 이 사건 부동산을 처분할 수 있는 실질적 권한이 있다는 사실, 계약해제의 귀책사유가 지윤걸에게 있다는 사실.[89]
3. 증인신문사항: 별지기재와 같음.[90]

2011. 5. .
원고 소송대리인
변호사 명 변 론 (인)

춘천지방법원 제2민사부 귀중

88) 송달장소는 증인이 근무하는 유지재단으로 하였다.

2010가합300(본소), 2010가합400(반소)

증 인 주윤발 신문사항

1. 증인은 현재 피고 유지재단에서 재단의 재산관리를 담당하고 있으며 이 사건 부동산(사랑교회)을 지윤걸 목사가 원고에게 매도한 사실을 알고 있지요.

예. 알고 있습니다.

2. 피고 유지재단의 재산에는 기본재산과 보통재산이 있는데 보통 교회의 건물은 기본재산에 포함되고 사랑교회도 피고 유지재산의 기본재산에 포함되지요(을제5호증 정관 제4장 제17조 및 제18조 참조[91]).

예.

3. 그런데 기본재산인 교회건물은 대부분 해당 교회의 개척 목사 혹은 교인들의 헌금으로 취득하고 다만, 기독교 한국예수회의 규정에 따라 피고 유지재단의 명의로 등록을 할 뿐이지요.

그렇지는 않습니다. 개별 교회의 헌금이나 개척 목사의 사재로 부동산을 구입하여 기본재산으로 등록하기도 하지만 유지재단에서 건물을 매입하여 기본재산으로 삼기도 합니다.

---

89) 원고 소송대리인이 이와 같은 입증취지를 내세운 이유는 무엇일까?
90) 주윤발은 원고측에 적대적인 증인일 수 있다. 따라서 임의출석을 기대하기 어렵다. 그렇다면 원고 소송대리인은 증인여비를 예납하면서 법원에 증인출석통보를 신청하게 된다.
91) 신문사항에서 성립인정을 받으려는 문서는 아니지만 신문사항의 취지를 명확하게 하기 위하여 참고가 되는 서증을 적시하기도 한다.

4. 사랑교회의 건물을 취득하는 데 피고 유지재단에 재정적으로 지원한 것은 전혀 없고 교회건물을 최초 임차할 때는 지윤결 목사의 사재와 교인의 헌금이 재원이었지요.

사랑교회는 그렇게 했습니다.

5. 그렇기 때문에 교회건물을 처분할 때도 해당 개체 교회(이 사건에서는 사랑교회)의 목사 및 교인의 의사를 중시하여 구역회(일종의 교인총회)를 개최하여 교회건물의 처분에 관한 결의를 하여야 하지요(을 제4호증 헌법 제294조).

교회 건물은 유지재단의 재산이므로 그 절차를 엄격히 정한 것뿐입니다. 그래서 이사회와 관할 행정관청의 승인이 필요합니다.

(갑제8호증을 제시하며)

6. 이 메모는 증인이 작성한 것으로 메모의 내용은 교회 건물에 대해 지윤결 목사의 처분의사가 있으면 형식적인 절차를 거쳐 피고 재단에 처분의사를 표시하라는 것이지요.

메모는 작성한 것이 맞는데 간단한 절차를 설명한 것 뿐입니다.

7. 지윤결 목사가 교회건물에 대해 절차를 갖추어 처분의사를 표시하면 피고 유지재단은 특별한 사정이 없는 한 승인하게 되는데 지윤결 목사는 매매계약 체결 이후에도 그런 절차를 전혀 밟지 않았지요.

아닙니다. 유지재단의 기본재산을 매매하려면 그와 유사한 대체재산을 유지재단에 넣어야 승인이 납니다. 그렇지 않으면 이사회에서 승인을 하지 않습니다. 지윤결 목사가 승인신청을 하지는 않습니다.

(갑 제13호증 녹취서중 3쪽부터 7쪽[92]까지 제시하고)

8. 위 녹취서는 김당구 목사, 증인, 지성, 구마중, 이례성 등이 대화한 내용이 맞지요.

맞습니다.

9. 증인은 지성에게도 피고 유지재단이 교회 건물을 매수하는데 1원도 돈을 준 적이 없고 지윤걸 목사가 서류를 갖춰서 유지재단에 보내면 소유권이전등기가 가능하다고 얘기한 사실이 있지요.

관련 절차를 모두 갖추어서 승인이 나면 가능하다는 이야기를 했습니다.

10. 피고 유지 재단은 원고가 피고 유지재단을 상대로 소송을 제기한 사실을 언제 알게 되었나요. 그리고 피고 유지재단의 소송대리인은 누가 선임하였나요.

유지재단으로 소장이 날아오고 알았습니다. 선임은 유지재단이 했지요. 변호사가 유지재단 자문 변호사입니다.

11. 기타 필요한 신문 사항.

92) 이 책에서는 책 전체 각 면에 대하여 페이지 수를 연속하여 지정하였기 때문에 실제 페이지 수는 이와는 다르지만 소송에서는 녹취서에 고유의 페이지 수가 정해져 이를 인용할 때 구체적으로 언급한다.

2010가합300(본소), 2010가합400(반소)

증인 주윤발에 대한 반대신문사항

(주신문 제1항 관련)

1. 이 사건 부동산을 원고에게 매도하기로 한 계약을 체결한 사람은 피고 유지재단이고, 지윤걸 목사는 이 사건 부동산에 관한 매매계약에서 피고를 대리하는 자의 지위에 있었을 뿐이지요.

예. 맞습니다.

(갑제2호증 제시)

2. 그래서 이 매매계약서에도 지윤걸 목사를 피고 유지재단의 대리인으로 명기하였지요.

그렇게 명기되어 있습니다.

(주신문 제3항 관련)

3. 피고 유지재단의 기본재산에는 교회건물 뿐만 아니라 수익용, 교육용, 분묘지용, 봉사용 등 다양한 부동산이 포함되어 있고, 이는 피고 유지재단 정관 제17조와 제18조(을제5호증)에도 규정되어 있는 사항이지요.

예.

4. 그리고 기본재산으로 등록된 교회건물은 소유명의만 피고 유지재단 앞으로 기재되는 것이 아니라 실질적인 소유권도 피고 유지재단이 가지고 있어 결국 처분권도 피고 유지재단이 갖지요.

예. 맞습니다.

(주신문 제5항 관련)

5. 이 사건 부동산 사랑교회 건물을 취득하는데 지윤결 목사와 교인들의 헌금이 사용된 것은 맞지만, 그 때문에 교회건물의 처분에 구역회의 결의를 요구하는 것은 아니고 다만, 교회건물이 예배의 기본적 시설이라 해당 시설을 사용하는 교인들의 의사를 존중하려는 뜻이지요.

말씀드린 대로 엄격한 절차가 필요하기 때문에 그렇게 된 것입니다.

(주신문 제6항 관련)

6. 메모(갑제8호증)의 기재 내용은 기본재산의 처분에 필요한 일반적인 절차를 적은 것에 불과하지 피고 유지재단의 확정적인 양도의사를 표시한 것은 아니지요.

예. 그렇습니다.

(주신문 제7항 관련)

7. 가. 지윤결 목사는 이 사건 부동산의 양도를 위해서 구역회가 개최되도록 하였으나 결국 교인들의 총의로 무산되었지요(을제9호증 구역회 회의록).

그런 걸로 알고 있습니다.

나. 이후 주무관청의 허가도 받지 못하였지요.

당연히 못 받았습니다.

(주신문 제8항부터 제9항 관련)

8. 원고측이 녹취를 할 당시, 증인이 잠시 그 자리에 있었던 것은 맞지만, 당시 증인을 비롯한 피고 유지재단측이 이 사건 부동산을 원고에게 명시적으로 양도한다는 취지의 말을 한 적은 없고, 기본재산의 양도에 필요한 일반적인 절차와 원만한 합의만을 재삼 강조했을 뿐이지요.

예. 그렇습니다. 녹취록을 자세히 보시면 알 수 있습니다.

(주신문 제10항 관련)

9. 피고 소송대리인을 선임한 사람은 피고 유지재단인데 다만, 이 사건 경위를 잘 아는 지윤걸 목사가 피고 유지재단을 대리하여 소송대리인을 선임하도록 한 것뿐이지요.

예. 그리고 그 변호사분들은 유지재단의 고문 변호사이기도 합니다.

10. 기타 필요한 신문사항.

판례색인

[저자 소개]

사법연수원수료
고려대학교 법과대학원 수료(법학석사)
현재 강원대학교 법학전문대학원 교수

〈주요 저서 및 논문〉
노동판례연구 I (한국학술정보, 2009)
회사관계소송 (한국학술정보, 2009)
대법원판례의 위장도급 유형 판단기준 (한국노동법학회, 2010) 등

법률정보조사와 민사소송

2011년 1월 15일 초판인쇄
2011년 1월 20일 초판발행

저 자 전 형 배
발행인 유 성 렬
발행처 청목출판사
서울특별시 영등포구 신길동 233-96
전화 (02) 849-6157(代) · 2820
FAX (02) 849-0817
등록 제318-1994-000090호

파본은 바꾸어 드립니다. 값 12,000원

http : //www.chongmok.co.kr

ISBN 978-89-5565-387-8

※인지는 생략합니다.